PLAN DE MARKETING: DISEÑO, IMPLEMENTACIÓN Y CONTROL

CON ENFOQUE EN GERENCIA DE MARKETING

RICARDO HOYOS BALLESTEROS

PLAN DE MARKETING: DISEÑO, IMPLEMENTACIÓN Y CONTROL

CON ENFOQUE EN GERENCIA DE MARKETING

RICARDO HOYOS BALLESTEROS

Colección: Gestiona
Director: David Soler

Plan de marketing: diseño, implementación y control
1.ª edición, Ecoe Ediciones, 2013, Colombia, ISBN 978-958-771-719-8 – 978-958-771-720-4
  (edición digital)
2.ª edición, Ecoe Ediciones, 2019, Colombia, ISBN 978-958-771-719-8 – 978-958-771-720-4
  (edición digital)
3.ª edición, Marge Books, 2021

© 2013, 2019 Ricardo Hoyos Ballesteros
© de esta edición, ICG Marge, SL

Edita: Marge Books
València, 558 - 08026 Barcelona
Tel. 931 429 486 - marge@margebooks.com
www.margebooks.com

Dirección editorial: Angélica García Reyes
Edición: Juan Mikan, Eva Franch y Laura Serral
Compaginación: Alfonso Álvarez y Mercedes Lara
Impresión: Safekat, SL (Madrid)

ISBN edición impresa: 978-84-18532-80-1
ISBN edición digital: 978-84-18532-81-8
Depósito Legal: B 12028-2021

El papel empleado en este libro no ha sido blanqueado con cloro elemental (CI_2).

AGRADECIMIENTOS

A Santiago López Arrazola y Humberto Martínez, por sus aportaciones y comentarios.

A mis estudiantes de la especialización en Gerencia Estratégica de la Universidad de la Sabana, quienes en el curso de Gerencia de Mercadeo tuvieron la oportunidad de leer y hacer sus aportaciones para mejorar algunos capítulos.

ÍNDICE

El autor XIX

Introducción... XXI

Capítulo 1. Estrategia 1

1.1.   Definición de estrategia 1

      1.1.1. La estrategia como plan.. 2

      1.1.2. La estrategia como patrón 2

      1.1.3. La estrategia como posición 2

      1.1.4. La estrategia como perspectiva 3

      1.1.5. La estrategia como maniobra 3

      1.1.6. Otras definiciones de estrategia 3

1.2.   Características de la estrategia... 4

      1.2.1. Objetivos claros y definitivos 4

      1.2.2. Enfoque 4

      1.2.3. Flexibilidad... 5

1.2.4. Eficiencia 6

1.2.5. Consistencia y coherencia.. 6

1.2.6. Compartida.. 7

1.2.7. Sencillez.. 7

1.2.8. Diferenciada.. 7

1.3. Paradigmas 7

1.4. Tipos de estrategias 10

CAPÍTULO 2. LA ESTRATEGIA Y TÁCTICA EN LA GERENCIA DE MARKETING **11**

2.1. El rol del vendedor 12

2.2. El rol de la gerencia de marketing................................... 14

2.2.1. La táctica de la gerencia de marketing 14

2.2.2. La estrategia de la gerencia de marketing 14

2.3. El rol del empresariado... 17

CAPÍTULO 3. GENERALIDADES DEL PLAN DE MARKETING **19**

3.1. Las principales preguntas sobre el plan de marketing 19

3.1.1. ¿Qué es un plan de marketing? 19

3.1.2. ¿Para qué sirve un plan de marketing?.................... 20

3.1.3. ¿Debo tener un plan de marketing?......................... 20

3.1.4. ¿Qué pasa si no tengo un plan de marketing?......... 20

3.1.5. ¿Se tarda mucho en hacer un plan de marketing? 21

3.1.6. ¿Cuándo se hace el plan de marketing?................... 21

3.1.7. ¿Una organización sin ánimo de lucro puede hacer un plan de marketing?.. 21

3.2. Los principales errores de un plan de marketing................. 22

3.2.1. Error 1: no tener un plan 22

3.2.2. Error 2: tener un plan y no ejecutarlo 22

3.2.3. Error 3: soñar poco en la elaboración del plan 22

3.2.4. Error 4: soñar mucho en la elaboración del plan 22

3.2.5. Error 5: empezar por la táctica 23

3.2.6. Error 6: empezar por la estrategia 23

3.2.7. Error 7: empezar por los objetivos 23

3.2.8. Error 8: basar el plan en opiniones y no en cifras 23

Capítulo 4. El papel del marketing en las empresas: misión, objetivos y funciones **25**

4.1.   Los dominios del marketing 25

4.1.1. Ventas 26

4.1.2. Publicidad 26

4.1.3. Inteligencia 27

4.1.4. Estrategia 27

4.1.5. Innovación 28

4.1.6. *Branding* 28

4.1.7. Relaciones 29

4.2.   Alcance del marketing 29

4.3.   El rol de la gerencia de marketing 32

4.3.1. Objetivo misional del marketing 33

4.3.2. Los objetivos del marketing 35

4.3.3. Las funciones de la gerencia de marketing 38

Funciones sociales 38

Funciones de inteligencia 39

Funciones de innovación 39

Funciones de planificación 40

Funciones de organización 41

Funciones de dirección 42

Funciones de control 42

CAPÍTULO 5. MODELO INTEGRAL DE GESTIÓN DE MARKETING CASAR (CAPTURAR, MANTENER Y AUMENTAR CLIENTES) **45**

5.1. Sistema de captura o consecución de clientes 48

5.2. Sistema de mantenimiento o fidelización de clientes 49

5.3. Sistema de recuperación de clientes 50

5.4. Sistema de crecimiento de clientes 51

5.5. Sistema de referenciación de clientes 52

5.6. Sistema de devolución a la sociedad 53

CAPÍTULO 6. LA PLANIFICACIÓN ESTRATÉGICA DE MARKETING . **55**

6.1. El contexto de la planificación de marketing 55

6.2. El proceso de planificación estratégica de marketing 58

CAPÍTULO 7. ELEMENTOS DEL PLAN DE MARKETING **61**

7.1. Análisis de situación 61

    7.1.1. Análisis interno 61

       Análisis de indicadores (métricas de marketing) 61

       Indicadores generales 62

       Indicadores particulares 62

       El análisis de ventas 63

       Análisis de rentabilidad 64

       Análisis comparativo de factores de marketing 68

       Análisis de cadena de valor 69

       El análisis de portafolio 71

7.1.2. El análisis externo 76

    Consumidor (análisis de segmentación) 76

    Competencia 77

    Mercado 77

    Macroentorno 78

    Microentorno 80

7.2. Matriz DAFO 82

7.3. Factores clave de éxito 82

7.4. Objetivos de marketing 82

7.5. Definición de estrategias y tácticas 83

7.6. Definición de los programas de marketing 85

7.7. El cronograma de marketing 85

7.8. El presupuesto de marketing 85

7.9. Estado de resultados 86

Capítulo 8. Elaboración del pronóstico de ventas (*forecast*) 87

8.1. Métodos cualitativos para pronosticar ventas 89

8.1.1. Juicio de ejecutivos 89

8.1.2. Agregado de la fuerza de ventas 90

8.1.3. Método Delphi 90

8.1.4. Investigaciones de mercado 91

8.1.5. Presupuestación con base cero 92

8.2. Métodos cuantitativos para pronosticar ventas 92

8.2.1. Promedios móviles 92

8.2.2. Suavización exponencial 93

8.2.3. Regresión simple 93

8.2.4. Regresión múltiple 93

CAPÍTULO 9. EJECUCIÓN DE LA ESTRATEGIA **95**

9.1. El estratega 97

9.1.1. Manejo de relaciones de poder 98

9.1.2. Comunicación asertiva 99

9.1.3. Otras habilidades gerenciales 99

9.2. La alineación estratégica 99

9.3. Logística 100

9.4. Servicio al cliente 101

9.5. Otros elementos que contribuyen a la ejecución
de la estrategia 102

**CAPÍTULO 10. EVALUACIÓN DEL DESEMPEÑO DE MARKETING:
LA AUDITORÍA DE MARKETING** **103**

10.1. Definición de auditoría de marketing 105

10.2. Cuándo hacer una auditoría 106

10.3. Características de la auditoría de marketing 106

10.4. Beneficios de la auditoría de marketing 108

10.5. Elementos para tener en cuenta en la planificación
de la auditoría de marketing 108

10.6. Componentes de una auditoría de marketing 109

10.6.1. Auditoría del entorno de marketing 109

10.6.2. Auditoría de la estrategia de marketing 109

10.6.3. Auditoría de la estructura de marketing 109

10.6.4. Evaluación de los sistemas de marketing 110

10.6.5. Auditoría de la productividad 110

10.7. Tipos de auditoría 110

10.7.1. Auditoría de conformidad 111

10.7.2. Auditoría de gestión 111

10.8. Tipos de controles 111

10.9. Tipos de evidencias 111

10.10. Las métricas en marketing 112

    10.10.1. ¿Qué es una métrica? 113

    10.10.2. Características de las métricas de marketing 113

    10.10.3. Tipos de métricas 114

    10.10.4. Ejemplos de métricas 114

Capítulo 11. La auditoría del servicio al cliente a través de la observación participante: "el cliente incógnito" 121

11.1. Aproximación al servicio al cliente 121

11.2. El papel del servicio al cliente dentro de la estrategia de la compañía 122

11.3. Principales problemas del servicio al cliente 125

11.4. Cómo se audita el servicio al cliente 125

11.5. El comprador o cliente incógnito 126

11.6. Otros usos del comprador incógnito 129

Capítulo 12. Vademécum estratégico 131

12.1. Estrategias genéricas de Porter 132

12.2. Estrategias de guerra 135

12.3. Estrategias de crecimiento (matriz de Igor Ansoff) 137

12.4. Estrategias derivadas de la posición relativa 139

    12.4.1. Estrategias del líder 140

12.4.2. Estrategias del retador 143

12.4.3. Estrategias del seguidor 145

12.4.4. Estrategia para especialista en nichos 146

12.5. Estrategias de consolidación 147

Referencias **149**

ÍNDICE FIGURAS

Figura 1.   Futuros posibles 5

Figura 2.   Dominios del marketing 27

Figura 3.   Tipos de empresas por su tamaño y origen 30

Figura 4.   La empresa vista de manera sistémica........................ 46

Figura 5.   Modelo Integral de Gestión de Marketing CASAR......... 47

Figura 6.   Entorno de marketing 56

Figura 7.   Modelo general de plan de marketing........................ 60

Figura 8.   Matriz BCG.. 72

Figura 9.   Matriz multicriterios.. 74

Figura 10. Factores que influyen en la ejecución

de la estrategia 97

Figura 11. El papel del responsable de marketing en la ejecución

de la estrategia 98

Figura 12. Proceso gerencial de marketing 104

Figura 13. Estrategias genéricas de Porter............................ 134

Figura 14. Estrategias de crecimiento (matriz de Igor Ansoff) 138

Figura 15. Estrategias del líder...................................... 141

Figura 16. Estrategias del retador 144

Figura 17. Estrategias del seguidor.................................. 146

Figura 18. Estrategias de consolidación.............................. 147

ÍNDICE TABLAS

TABLA 1. Roles tácticos y roles estratégicos 13

TABLA 2. La función comercial en una empresa multinacional grande 32

TABLA 3. Objetivos de marketing 37

TABLA 4. Bonos para retención de clientes 50

TABLA 5. Estado de resultados 65

TABLA 6. Estado de resultados con margen de contribución variable 66

TABLA 7. Estado de resultados para una empresa multiproducto 67

TABLA 8. Funciones de la cadena de valor 70

TABLA 9. Elementos del macroentorno 79

TABLA 10. Elaboración de estrategias y tácticas 84

TABLA 11. Métricas financieras 115

TABLA 12. Métricas de consumidor 116

TABLA 13. Métricas relacionadas con la marca 116

TABLA 14. Métricas relacionadas con los canales 116

TABLA 15. Métricas relacionadas con la publicidad 117

TABLA 16. Métricas relacionadas con las promociones 117

TABLA 17. Métricas relacionadas con los vendedores 118

TABLA 18. Estrategias de guerra 136

EL AUTOR

Ricardo Hoyos Ballesteros

Profesional en Marketing, Publicista, y Especialista en Logística Comercial graduado de la Universidad Jorge Tadeo Lozano. Máster en Administración de la Universidad Nacional de Colombia. Ha sido consultor empresarial en Direccionamiento Estratégico en Fundes, Uniempresarial, Avanttia, Corpogestión y conferencista de la Cámara de Comercio de Bogotá. Ha publicado los libros: *Plan de Marketing: diseño, implementación y control* y *Branding, el arte de marcar corazones*. Su tercer libro *Historia del Marketing: Antecedentes, génesis y evolución* ha sido terminado y en espera de una pronta publicación.

INTRODUCCIÓN

Este libro tiene como objetivo ayudar a estudiantes y equipos directivos a desarrollar su trabajo de planificación estratégica de marketing de una manera metódica pero especialmente práctica. Es una guía a través de la cual, de manera muy sencilla, podrán utilizar cada una de las herramientas suministradas para construir su plan de marketing sin importar el nivel de formación ni la experiencia.

El material que se presenta aquí es el fruto de muchos años de estudio, reflexión y trabajo práctico, resultado de la experiencia laboral y la consultoría realizada a diversas empresas, así como del trabajo desarrollado en las aulas de importantes universidades y en otros escenarios, donde he tenido oportunidad de compartir mis experiencias con empresarios.

En esta segunda edición, se refuerza el enfoque en gerencia de marketing que ya traía el texto en su primera versión. Se incluyen tres capítulos nuevos: uno tiene que ver con el tema de estrategia; se dan allí elementos que pretenden fundamentar al lector en este tema tan importante, pero a veces mal entendido o poco profundizado. Otro capítulo proporciona herramientas relacionadas con la aplicación de los conceptos de estrategia y táctica en la gerencia. Se analizan allí los roles de los equipos de ventas, de la gerencia de marketing y de la dirección de la empresa en la toma de decisiones frente a una de las problemáticas de mercado más comunes relacionadas con la alineación estratégica. El último de los capítulos nuevos, presenta conceptos relacionados para la adecuada implementación de la estrategia de marketing.

El libro es importante por diversas razones: su lenguaje y escritura son muy sencillos, y por ello permite que el lector acceda al conocimiento de una manera directa y sin complicaciones; presenta información muy relevante apoyada en casos nacionales e internacionales; y entrega herramientas conceptuales que se pueden aplicar de manera práctica en las empresas. En el enlace a Recursos Web están disponibles los anexos totalmente editables para que se apliquen en la elaboración del plan de marketing.

Espero que esta tercera edición, al igual que las anteriores, sea útil tanto para estudiantes como para personas que tienen a cargo funciones de marketing dentro de las organizaciones, y los invito a leerla y hacer sus comentarios a mi correo rihoba@gmail.com para compartir ideas acerca del libro.

CAPÍTULO 1

ESTRATEGIA

Somos lo que hacemos repetidamente.
Aristóteles

Como se decía en la introducción, este libro tiene un enfoque en gerencia de marketing; trasciende el mero hecho de presentar un formato para la elaboración de un plan de marketing. Esto implica la obligación de fomentar un pensamiento estratégico en sus lectores. Para ello, es necesario fundamentar alrededor del concepto de estrategia, con el objetivo de que tanto estudiantes como profesionales fortalezcan su criterio, para que con ello su trabajo en el futuro sea menos operativo y se enfoquen especialmente hacia lo estratégico.

1.1. Definición de estrategia

La estrategia ha sido definida de muchas maneras, se puede afirmar que esta es un traje a medida, es decir, corresponde a un diseño particular que se hace para una empresa en un momento y en una situación específica. Esto significa que una estrategia que funciona bien para una empresa, no necesariamente funciona bien para otra; es más, es posible que la estrategia que funcionó bien para una empresa en un momento no funcione igual en otro momento porque las condiciones cambian con el tiempo.

Mintzberg y Quinn (1993) plantean que el concepto de estrategia se puede entender desde cinco perspectivas diferentes, las cuales se describen a continuación.

1.1.1. LA ESTRATEGIA COMO PLAN

Se da cuando se determinan unos objetivos a partir del análisis de una situación, se define la manera de alcanzar esos objetivos mediante acciones concretas y se asignan recursos necesarios para la consecución de esos objetivos. El plan de marketing encaja dentro de esta perspectiva de estrategia.

1.1.2. LA ESTRATEGIA COMO PATRÓN

Esto significa que la empresa implementa unas acciones a lo largo del tiempo de manera coherente que deliberadamente o no, se convierten en su estrategia. Dicho de otro modo, estrategia es aquello que queda cuando se mira hacia atrás en el tiempo, es decir, la acumulación de acciones construyen el concepto de estrategia.

Este punto es reafirmado por los autores Ries y Trout (1989) en su libro *La revolución del marketing*, en cuyo subtítulo afirman que "la táctica dicta la estrategia". Estos autores se muestran contrarios al proceso tradicional de definir qué hacer (estrategia) y luego cómo hacerlo (tácticas); es más, se declaran abiertos contradictores de la planificación a largo plazo y de procesos relacionados con la definición de misión y otros elementos propios de la dirección estratégica. Para ellos, primero se debe encontrar una táctica suficientemente adecuada, y luego desarrollar una estrategia para poderla implementar. Este pensamiento puede parecer bastante controvertido, pero tiene cierta lógica.

1.1.3. LA ESTRATEGIA COMO POSICIÓN

Significa que la empresa, mediante un análisis estratégico, es decir, del entorno, asume una posición competitiva frente a los demás rivales o jugadores de su mercado. Ries y Trout (1986b), en su libro *Posicionamiento*, plantean que una empresa o marca debe construir un posicionamiento, es decir, una idea única que la diferencie de la competencia. La diferencia entre lo que plantean Mintzberg y Quinn frente a lo que plantean Ries y Trout es que estos últimos definen el posicionamiento como una herramienta de la comunicación publicitaria, mientras que los primeros definen el posicionamiento como una herramienta estratégica a través de la cual se pueden encontrar oportunidades para nuevos productos (Hoyos, 2016).

1.1.4. La estrategia como perspectiva

Esto es que la empresa asume una visión de su negocio sin que necesariamente lo haga en relación con la competencia (Mintzberg & Quinn, 1993). Por ejemplo, Apple asume en su momento la innovación y la usabilidad como la manera que su empresa desarrollará sus productos en general. Los autores dicen que esta dimensión de estrategia es una visión que no contempla factores externos, tal como se hace en las otras dimensiones, sino que corresponde a una reflexión desde el interior de la organización. No obstante, no comparto esta propuesta. Por ejemplo, cuando McDonald's se ha dado a conocer por calidad, servicio y limpieza, según refieren ellos, creo yo que esa es, finalmente, una posición que se da frente a lo que ofrecen los otros jugadores del mercado y se alinea con necesidades de los consumidores, por lo cual esta perspectiva se hace también con relación al entorno.

1.1.5. La estrategia como maniobra

Es un movimiento estratégico que se realiza para conseguir un objetivo determinado. Puede confundirse con un movimiento táctico pero es tan decisivo y notorio que se enmarca dentro de la definición de estrategia.

1.1.6. Otras definiciones de estrategia

Porter (1997) define la estrategia como el descarte de opciones. Es decir, frente a un problema de mercado una compañía tiene varios caminos posibles, de los cuales, después de un adecuado análisis de ventajas y desventajas de dichas opciones, finalmente se escoge la que más conviene. Esta definición es muy importante porque nos muestra que la solución a un problema de mercado no es lo primero que se ocurra, sino que se debe hacer un trabajo disciplinado identificando opciones para descartar paulatinamente las que menos convienen hasta quedar con aquella que más garantía da a la organización en términos de que es la mejor opción posible dentro de un contexto de principio de realidad.

Ohmae (2003), por su lado, define estrategia como la capacidad que tiene una empresa de modificar o alterar las fuerzas de una compañía con respecto a los otros jugadores del mercado (competidores) de una manera eficaz.

Un alumno mío definía estrategia como un camino específico que se recorre para alcanzar un objetivo, camino que va siendo recorrido a través de una serie de vehículos que son en realidad las tácticas a través de las que se construye la estrategia.

1.2. Características de la estrategia

Mintzberg y Quinn (1993) plantean que una estrategia debe reunir por lo menos las condiciones descritas a continuación.

1.2.1. Objetivos claros y definitivos

Esto significa que los objetivos deben comprenderse con facilidad y ser importantes, de manera que, si se cumplen, pondrán a la compañía en una mejor posición competitiva. Asimismo, los objetivos deben ser exigentes pero alcanzables, es decir, que impere un sentido de realidad, tal como se plantea en la figura 1.

Los objetivos deben ser planteados de manera cuantitativa y referirse a un periodo de tiempo determinado. Además, deben ser coherentes entre sí y estar presentados de manera jerarquizada. Por último, también se requiere que cada uno de ellos cuente con varios indicadores asociados (Munuera & Rodríguez, 2015).

1.2.2. Enfoque

En atención a que los recursos de una organización son escasos, cuando se trata de adelantar una estrategia de marketing, la organización debe concentrar sus recursos en unos objetivos muy concretos para buscar la mayor eficiencia posible. Si se quiere abarcar mucho, es posible que se logre poco; basta recordar el fracaso del ejército alemán en la Segunda Guerra Mundial cuando abrió dos frentes: uno en Europa occidental para combatir contra Inglaterra y Estados Unidos y otro en la Europa oriental para combatir contra Rusia. Esta dispersión de fuerzas llevó a que cada frente se debilitara, lo que conllevó a la derrota de Alemania.

Figura 1. Futuros posibles

	Posible	No posible
Deseable	Principio de realidad	Sueños
No deseable	Quiebra	?

Fuente: el autor

En relación con lo anterior, Ries y Trout (1986a), en su libro *La guerra de la mercadotecnia*, hablan del principio de la fuerza así:

> Supóngase que la escuadra roja con nueve soldados se enfrenta a la azul con seis, la roja tiene una superioridad numérica de 50% sobre la azul. Considérese también que en promedio uno de cada tres tiros infringirá una baja. Después de la primera descarga la situación habrá cambiado de manera drástica, en lugar de una ventaja de nueve a seis, la roja tendrá una ventaja de siete a tres y de una superioridad en fuerza de 50% tendrá más de 100% (p.23).

Lo anterior indica que, si una empresa se enfoca en unos objetivos muy concretos, tendrá mayor probabilidad de mostrar una relación de fuerza superior a si se enfoca en muchos objetivos. Ohmac (2003, p. 40) también afirma que la estrategia debe enfocarse, y para ello habla de factores claves de éxito (FCE), es decir, la empresa debe "concentrar los recursos en el punto crucial".

1.2.3. FLEXIBILIDAD

Existen empresas que planifican poco o planifican mal. Otras, por el contrario, desarrollan procesos muy serios.. Estas empresas dedican tiempo y recursos suficientes a identificar oportunidades de mejoramiento de manera permanente. No obstante, hay algunas que terminan siendo muy rígidas con los planes realizados. Frente a situaciones emergentes, prefieren no hacer cambios porque, dentro de su cultura tan rígida, hacer cambios es sinónimo de improvisación y de falta de seriedad en los procesos gerenciales. Ohmae (2003, p. 13) comenta al respecto que la mente de un buen estratega debe tener "elasticidad o flexibilidad intelectual que le permite encontrar respuestas realistas a situaciones cambiantes".

1.2.4. Eficiencia

Una estrategia es eficiente cuando "esta le permite a la compañía ganar terreno de manera significativa a sus competidores a cambio de un costo aceptable" (Ohmae, 2003, p. 38). La eficiencia tiene que ver con la adecuada utilización de los recursos. No es suficiente alcanzar los objetivos, lo que se conoce como eficacia, sino que es necesario que el resultado de alcanzar dichos objetivos sea superior a lo invertido para ello. La auditoría de marketing, como se verá en el capítulo respectivo, se encargará de verificar que las inversiones realizadas reporten la rentabilidad esperada.

Hay empresas que tienen políticas muy claras con respecto a los resultados financieros mínimos (rentabilidad) que quieren alcanzar en una venta, un negocio o el ingreso a un país, de tal manera que, si no se garantiza esa rentabilidad mínima, no se realiza la operación en cuestión.

1.2.5. Consistencia y coherencia

La estrategia debe ser coherente en toda su extensión. De una situación de mercado se deriva por ejemplo una oportunidad, la cual debe ser convertida en un objetivo; ese objetivo debe ser cubierto con una estrategia y, a la vez, esta debe ser concretada con diversas tácticas, que deben ser convertidas en programas; estos deben ser validados a través de indicadores, y así sucesivamente. Cada uno de estos elementos debe guardar coherencia con el inmediatamente anterior y con todos en conjunto.

Existen empresas que no articulan el proceso de planificación y, por el contrario, construyen una colcha de retales que pretenden que sea un plan de marketing, pero que, al ser revisados con detalle, revelan, por ejemplo, que las estrategias no están relacionadas con los objetivos planteados, o que las tácticas no guardan relación con las estrategias.

1.2.6. Compartida

En el diseño de una estrategia se debe procurar involucrar el máximo de personas que ocupan posiciones claves en su ejecución. Esto garantiza que la estrategia sea ampliamente conocida por dichos actores y, más importante aún, que exista de parte de ellos compromiso frente a esta. La gente se compromete más con aquello de lo que forma parte o con aquello que ha ayudado a construir, que con aquello que le es impuesto y obligado a cumplir.

1.2.7. Sencillez

Las estrategias complejas no se entienden bien y por tanto tienen problemas al ser implementadas. Ohmae (2003) afirma que los estrategas en las empresas pasan por alto los fundamentos, y por mostrar competencia profesional tienden a pensar en respuestas complejas. En mi experiencia profesional, he observado una tendencia a rechazar las respuestas sencillas. Existe miedo, pienso yo, a que si se presenta una respuesta simple a un problema complejo, se califique a esta persona de simplista e inclusive mediocre. A veces en las respuestas sencillas, es decir, en las estrategias sencillas, se encuentran las grandes soluciones.

1.2.8. Diferenciada

La estrategia, como se decía anteriormente, debe ser un traje a medida, es decir, debe procurarse no copiar lo que hace la competencia. No obstante, aunque esto es de aceptación general, muchas empresas y muchos sectores, en vez de diseñar estrategias diferenciadas, hacen lo contrario y proceden a copiar lo que hacen sus competidores, llevándolas a permanecer presas dentro de un paradigma, tal como se plantea en el siguiente punto.

1.3. Paradigmas

El término, originalmente acuñado por Tomas Kuhn (1992, p. 13), es definido como un conjunto de "realizaciones científicas universalmente reconocidas que, durante cierto tiempo proporcionan modelos de problemas y soluciones a una comunidad científica". A manera de ejemplo, para entender mejor el concepto, en medicina se pueden identificar por lo menos tres paradigmas: el alópata (medicina occidental), el homeópata (medicina alternativa) y el de la medicina tradicional o vernácula. Estos son tres modelos de medicina que entienden al paciente y su salud de manera diferente. En el caso de cada una de las comunidades que practican estas medicinas existen teorías, leyes, creencias, valores, conceptos, herramientas, procesos y otra infinidad de elementos que se comparten para mantener a un paciente sano.

El concepto ha trascendido a las ciencias tradicionales y ha llegado al mundo de los negocios. Así, Ohmae (2003, p. 60), habla del paradigma como el "sentido común aceptado por la industria" y, por su lado, Barker (1996, p. 35) lo define como un "conjunto de reglas y disposiciones (escritas o no) que hace dos cosas: 1) establece o define límites, y 2) indica cómo comportarse dentro de los límites para tener éxito". Se pueden dar varios ejemplos de cómo las empresas, en vez de desarrollar estrategias diferenciadas, recurren a hacer lo que hacen los demás competidores bajo el entendido de que si todos lo hacen es porque así se debe hacer. A continuación se presenta un extracto del libro *Compradicción*, de Lindstrom (2009, p. 44) en donde se ve de manera clara la forma como una industria tan poderosa como la automotriz en Estados Unidos derrocha grandes cantidades de dinero en la promoción de sus productos:

> [...] grabé 60 comerciales televisivos de vehículos, producidos por 20 compañías automovilísticas diferentes. Todos estaban en el aire hace dos años. En todos había una escena en la cual un automóvil reluciente, último modelo y aparentemente sin conductor, corre velozmente y levanta una nube de arena al tomar una curva cerrada en el desierto... El asunto es que, aunque los automóviles eran de distintas marcas, la escena era exactamente la misma en cada uno de los comerciales: el mismo giro, la misma curva, el mismo desierto, la misma nube de arena [...] (p. 44) .

Otro ejemplo de cómo las empresas se aferran a un paradigma es el de los relojeros. Si usted observa con cuidado una revista, especialmente las de negocios o las de hombres, encontrará seguramente muchos avisos de relojes; lo curioso es que en por lo menos la mitad de ellos la hora que dan es las diez y diez. Aparecen allí los relojes con las manecillas perfectamente equilibradas, una sobre el número diez y la otra, la del minutero, sobre el número dos, marcando las diez y diez. Las manecillas forman una V de manera armónica, dejando libre el logotipo del reloj, que generalmente se ubica en el centro de la parte superior.

El sector farmacéutico también se caracteriza por un paradigma que repiten la mayoría de sus empresas para gestionar su marketing. Este paradigma incluye varios elementos como: visitadores médicos, muestras médicas y dotación de los consultorios con material relacionado con la especialidad médica; también se patrocina la asistencia de los médicos a congresos nacionales e internacionales.

El sector universitario también es muy repetitivo en la manera como desarrolla el marketing con un nivel de innovación bajo. En este sector, primero existe un sesgo frente al tema, ya que casi todo el marketing se reduce a generar comunicación orientada a los estudiantes de último grado. Se ven pautas en medios masivos, presencia en medios digitales y actividades promocionales y de relaciones públicas como visita a los colegios, participación en ferias universitarias, entrega de artículos promocionales, entre otros. En pocas universidades se tienen vendedores, es decir que esa dimensión se explota poco. La dimensión relacionada con inteligencia no se desarrolla ampliamente; si acaso se hacen algunas revisiones de cifras del sector y algo de benchmarking, pero no se hacen estudios robustos que soporten las decisiones tomadas en marketing.

Por ello, para diseñar estrategias realmente diferenciadas, es importante que la empresa se aleje del paradigma predominante en su sector. Omhae (2003) propone una metodología sencilla, en la que habla de la duda sistemática, entendida como simplemente cuestionar cada uno de los elementos que componen el paradigma con una simple pregunta: ¿por qué…? Para entender qué es la duda sistemática tomemos como ejemplo el ajedrez. Este juego se caracteriza por varios elementos: el tablero es cuadrado, solo pueden jugar dos personas, y las fichas son blancas y negras. Solo después de muchos años alguien se atrevió a preguntarse: ¿por qué el ajedrez debe tener un tablero cuadrado? ¿Por qué solo pueden jugar dos personas? Fue así como después de 1.200 años sin tener ningún cambio apareció el ajedrez de Sheldon Cooper, caracterizado porque su tablero es redondo y pueden jugar tres personas. El dominó es otro ejemplo interesante de cómo un paradigma puede ser cambiado aplicando la duda metódica. Este juego, inventado hace alrededor de 851 años, mantuvo sus fichas rectangulares hasta que alguien se preguntó: ¿por qué las fichas del dominó deben ser rectangulares? A partir de esa pregunta se modificó el juego y se creó el triminó, un juego donde la ficha es triangular.

Los dos ejemplos anteriores muestran que no porque todo el mundo acepte algo durante muchísimo tiempo ese algo es cierto. Es decir que siempre hay una oportunidad para innovar y hacer las cosas diferentes. La próxima vez que esté frente a una situación complicada sin respuestas a la mano pregúntese: ¿por qué…?, ¿por qué…?, ¿por qué…?

1.4. Tipos de estrategias

Las estrategias en una primera aproximación, como plan, pueden dividirse en estrategias corporativas[1] y estrategias funcionales. La estrategia corporativa o política de empresa hace referencia "al patrón de los principales objetivos, propósitos o metas y las políticas y los planes esenciales para conseguir dichas metas, establecidos de tal manera que definan en qué clase de negocio la empresa está o quiere estar y qué clase de empresa es o quiere ser" (Andrews, 1984). La estrategia corporativa es la estrategia global del negocio, y está a cargo de la dirección general de la empresa, llámese gerencia general, presidencia o CEO *(Chief Executive Officer)*.

Por su lado, las estrategias funcionales son las que se dan en cada una de las áreas de la empresa, dentro de las que se destacan tres principalmente:

- Producción, quien debe definir esencialmente qué tecnología utiliza y en dónde localiza las operaciones de producción y los proveedores de los que se va a servir para asegurar el suministro de materias primas claves.

- Finanzas, quien debe definir especialmente dos elementos: dónde conseguir recursos financieros cuando estos se necesitan o dónde colocar los excedentes cuando estos se dan.

- Marketing, quien debe definir dos elementos esencialmente: los mercados y los segmentos a los que quiere llegar y los productos con que cubrirá estos.

---

[1]   Algunos autores prefieren hablar de estrategia empresarial y no corporativa porque esta última hace referencia, según ellos, a la estrategia que se diseña para un conglomerado empresarial compuesto por muchas empresas.

CAPÍTULO 2

LA ESTRATEGIA Y TÁCTICA EN LA GERENCIA DE MARKETING

En marketing, el mercado presenta a las empresas diversas situaciones, las cuales deben ser resueltas por quienes trabajan en ellas. Es importante entonces entender que existen diferentes roles y, dependiendo del rol que cada uno tenga en la organización, puede o no aportar a la solución del problema específico. En este capítulo se presentan tres roles: el del personal de ventas, la gerencia de marketing y la propiedad de la empresa. Es importante entonces que, sin perjuicio de intentar contribuir a mejorar el desempeño de las empresas, cada uno entienda su papel y no intente asumir el rol de los otros. Hablo especialmente del empresario, quien en ocasiones se ve tentado a tomar decisiones que están en la esfera de lo táctico.

En diversas ocasiones, como profesor de posgrados, algunos estudiantes se han acercado a mí para manifestar que en su función de vendedores han tenido problemas en cumplir con sus metas de ventas por cuanto sus productos, a pesar de que provienen de empresas multinacionales con marcas de mucho prestigio y un desempeño *premium*, son desplazadas por marcas cuyos precios están muy por debajo y que los consumidores perciben con desempeños similares. Es común que algunas marcas líderes, normalmente multinacionales, compitan por ejemplo en países latinoamericanos con marcas locales y marcas chinas, que ofrecen productos similares a precios mucho más bajos, tal como lo anotaban estos estudiantes (uno de ellos decía que su producto era el "fórmula 1" de su categoría). Cuando esto sucede, podemos afirmar que esa marca se encuentra en el lugar equivocado[2], o lo que equivale a decir que hay un problema de alineación estratégica, como se verá en el capítulo de implementación de la estrategia.

Cuando sucede esto, es imposible encontrar una solución en lo táctico, y por ello se debe recurrir a lo estratégico. La gama de posibilidades para resolver un problema de mercado como el anteriormente señalado es muy amplia. En la tabla 1 se presentan tres roles diferentes: personal de ventas, gerencia de marketing y propiedad de la empresa.

2.1.   El rol del vendedor

El vendedor, como se ve en la tabla 1, tiene un rol eminentemente táctico para resolver algunas situaciones de mercado. Él puede intentar vender más mediante el uso de técnicas de ventas, es decir, el ABC de las ventas. Tales técnicas son útiles cuando una persona se está formando como vendedor; así, en un curso básico se le enseña a prospectar, contactar clientes, sondear, rebatir objeciones e intentar cierres tentativos o definitivos[3]. Seguramente, con un buen manejo de técnicas de ventas, el vendedor puede obtener mejores resultados dominando las anteriormente vistas y otras que puedan identificarse.

---

2   Davivienda, uno de los bancos colombianos más importantes, acuñó en su publicidad esta frase para referirse a que quien no tiene el dinero allí, "está en el lugar equivocado".

3   Existe infinidad de técnicas, pero aquí se nombran algunas a manera de ilustración.

Tabla 1. Roles tácticos y roles estratégicos

Táctica		Estrategia	
Del vendedor	**De marketing**	**De marketing**	**Empresarial**
Técnicas de ventas	Distribución	Nuevos productos	¿Qué?
Descuentos	Precio	Posicionamiento	Producto
Servicio	Comunicación	Innovación	¿A quién?
Cercanía		*Branding*	Mercado
Amistad			¿Cómo?
Soborno			Modelo de negocio

Fuente: el autor

Los descuentos son otra herramienta que tiene el vendedor para mejorar sus resultados. A este se le da autonomía para que ofrezca descuentos hasta cierto valor a sus clientes dependiendo del tamaño de la propuesta y de la necesidad de cerrar un negocio determinado. Esa autonomía se espera que sea bien manejada, del tal manera que los descuentos se ofrezcan de manera gradual, empezando por lo bajo, que luego se pueden ir incrementando dentro del proceso de negociación para cerrar una venta.

El vendedor puede recurrir también a prestar un buen servicio para generar retención de sus clientes y aumentar el volumen de ventas. Entregar personalmente los pedidos o las facturas, dar mantenimiento a los equipos de los clientes, ayudarles a surtir las expositores de venta, entre otras posibilidades, son ejemplos de acciones que realizan los vendedores por sus clientes para generar una buena impresión en ellos y demostrar que están dispuestos a mucho para conservar el negocio.

Un veterinario que trabajaba como vendedor de un importante laboratorio me contaba que, cuando visitaba las fincas de sus clientes, era común que atendiera partos o animales enfermos a pesar de que esta no era su responsabilidad. En mercados de tecnología también es común ver al vendedor prestando asistencia técnica a los clientes para ganar su buena voluntad y así vender más. Ahora bien, ofrecer servicio a los clientes en exceso es un problema porque esto puede limitar el tiempo de los vendedores para conseguir nuevos clientes, lo que conlleva a que la cartera de la empresa no aumente.

La cercanía, es decir, una presencia permanente de vendedor, que puede conducir inclusive a desarrollar una verdadera amistad entre este y el cliente, es una herramienta muy utilizada. Sin embargo, esto debe ser manejado con mucho criterio porque deriva en que el cliente termina "perteneciendo" al vendedor y no a la empresa, con las consecuencias previsibles de que el cliente se vaya detrás del vendedor cuando este cambie de empresa.

Finalmente, en la tabla 1 se presenta el soborno como una herramienta a disposición del vendedor. Esta se señala con interrogantes para indicar que es una práctica ilegal y contraria a la ética y que, a pesar de estar muy difundida, no se recomienda bajo ninguna circunstancia.

2.2. El rol de la gerencia de marketing

2.2.1. LA TÁCTICA DE LA GERENCIA DE MARKETING

Cuando la táctica del vendedor es insuficiente, es necesario que el gerente de marketing entre en acción a través de gestiones de orden táctico con el fin de lograr elevar el nivel de ventas de una compañía. En este sentido, él tiene la posibilidad de generar acciones tácticas desde la distribución, el precio y las comunicaciones de marketing. En cuanto a la distribución, él puede colocar más producto en el mercado con la idea de que, a mayor exposición frente al consumidor, se incrementen las probabilidades de generar más ventas. En cuanto al precio, él puede recurrir a bajar y subir el precio a conveniencia con el objetivo de estimular la demanda por el producto. Por último, en cuanto a las comunicaciones de marketing, la gerencia puede requerir ampliar el equipo de ventas, tener más presencia en medios y realizar promociones de ventas; se espera que, a mayor ruido en el mercado, mayor probabilidad de aumentar las ventas.

Otra posibilidad de incrementar las ventas desde lo táctico es proponer nuevos usos de los productos. No obstante, esto no es fácil; se necesita mucha creatividad y mucha investigación para encontrar nuevos usos a estos. Un ejemplo reciente es el de Cicatricure, que en principio se ofreció para tratar las cicatrices y hoy en día se ofrece para tratar las arrugas.

2.2.2. LA ESTRATEGIA DE LA GERENCIA DE MARKETING

Cuando la táctica del vendedor ni la táctica de marketing son suficientes, es necesario poner en juego la estrategia de marketing. Esta se desarrolla a través de los productos-marca. Recordemos que al inicio de este capítulo decíamos que hay problemas de mercado que no se resuelven con lo táctico, sino con lo estratégico. Esta afirmación se hacía con relación a productos que se venden con un precio muy por encima de la competencia hasta en un 30%. Aseguramos que el vendedor, a través de su táctica, puede ayudar a solucionar en parte este problema, pero no es suficiente. Dijimos también que la gerencia de marketing puede ayudar a solucionar este problema, pero a veces tampoco es suficiente; por ello debe acudir a elementos de orden estratégico, en este caso, al desarrollo de nuevos productos.

Cuando una amplia proporción del mercado es sensible al precio, no conviene entrar a competir por precio cuando se tiene un producto *premium*. En este caso algunas compañías acuden a desarrollar las llamadas marcas de segunda línea o *flanker*. Estas son más baratas que las marcas *premium* y, claro está, generalmente su calidad y desempeño son inferiores. Por ejemplo, Postobón, con el objetivo de competir con Big Cola, marca peruana que se dirige a segmentos sensibles al precio, lanzó una marca llamada Tropicola. Esta marca tiene una estrategia muy clara, además de un precio bajo, solo se vende en tiendas de estratos bajos y en presentaciones grandes, inicialmente botella de dos litros. De esta manera la empresa evitó competir por precios con Colombiana, Manzana y Pepsi, sus marcas más reconocidas.

A nivel de servicios se presentan también este tipo de ejemplos. A escala internacional podemos citar el ejemplo de la marca de relojes Q&Q, dirigida a segmentos sensibles al precio, que pertenece a los mismos dueños de Citizen, marca *premium* dirigida a segmentos más altos.

Nuttin (2011) afirma que no siempre las marcas de segunda línea son de inferior calidad y cita el ejemplo de Procter & Gamble, que en los años 90 ofrecía dos marcas de champú 2 en 1 con la misma fórmula pero con distinto precio: Pantene, como marca *premium* dirigida a un segmento alto, y Pert Plus, dirigida a un segmento de bajo precio. Por otro lado, tuve la oportunidad de conocer una empresa que fabrica herramientas para la agricultura y tenía un producto al cual le cambiaba un accesorio de plástico. Con un color del accesorio tenía un precio y con el accesorio de otro color tenía otro precio. El mercado por alguna extraña razón creía que una opción era de mejor calidad que la otra, cuando en realidad el cambio era solamente cosmético.

Otra posibilidad de índole estratégica que tiene la gerencia de marketing es el *branding*. En este orden de ideas, su objetivo es construir marcas poderosas, es decir, marcas que tengan un *brand equity* que cumpla con diversas características (Hoyos R. , 2016):

- ***Awareness*:** Presencia en la mente de los consumidores. Es decir que la marca se recuerde *(share of mind)*, que se recuerde primero *(Top of Mind-TOM)* y que se recuerden elementos importantes de la marca (conocimiento).

- **Relevancia:** Que la promesa de valor de la marca se alinee con las necesidades del consumidor, es decir, que le ofrezca algo imporante.

- **Conexión emocional:** Que se establezcan lazos afectivos entre consumidor y marca.

- **Desempeño:** Que el consumidor perciba que la marca hace lo que promete (calidad percibida).

- **Identidad:** Que la marca se asocie a elementos positivos.

- **Diferenciación:** Que la marca ofrezca algo que las otras no ofrecen.

- **Lealtad de Marca:** Consumidores que le compran solo a la marca.

El posicionamiento es otro vector estratégico que puede explotar la gerencia de marketing. Este es definido como la manera particular como se percibe la marca (Hoyos R. , 2016). Posicionamiento no es recordar la marca, no es prestigio, no es volumen de ventas; posicionamiento es esa manera como el consumidor asume a la marca como producto de su desempeño coherente en el mercado afianzado por una comunicación de marketing muy consistente en el tiempo. Old Spice es el desodorante de los machos, Axe es el desodorante para tener conquistas amorosas exitosas, Panamericana es la librería que lo tiene todo, Comercial Papelera es la papelería que nunca cierra: esos son buenos ejemplos de posicionamiento.

La innovación es otro de los vectores estratégicos de los que dispone la gerencia de marketing para resolver problemas de marcas *premium* que compiten en mercados sensibles al precio. Innovar puede generar saltos importantes en las ventas de las marcas, y esa innovación puede darse en todos los elementos del *mix* de marketing, a través del desarrollo de nuevos productos o versiones de producto (extensión de línea), nuevos *packagings* y nuevos medios publicitarios y promocionales en general. La innovación puede darse también en los canales, son ejemplo de ello las multinacionales Pernod Ricard que en 2014 empezó a vender sus licores por catálogo y Hasbro que en 2017 decidió incursionar con sus productos en tiendas y misceláneas (canal tradicional).

2.3. El rol del empresariado

Finalmente, cuando ni la táctica del vendedor, ni la táctica de marketing, ni la estrategia de marketing son suficientes, es posible acudir a la estrategia empresarial en cabeza de los dueños de la compañía, representados por la junta directiva. Estas decisiones corresponden a los negocios en que se tienen colocados los recursos de la empresa. El empresario puede decidir realizar una diversificación, es decir, abordar negocios diferentes a los que ha abordado históricamente para reemplazar los anteriores (salir del negocio) o para complementarlos.

La diversificación puede ser concéntrica, cuando la empresa se respalda en su *know how* (saber hacer) para iniciar otro negocio. Rimax es un buen ejemplo de ello: en su momento de creación ofrecía juguetes de plástico y collares, pero con el tiempo tomó la decisión de cambiar de negocio y empezó a fabricar muebles plásticos. Rimax aprovechó su experiencia, sus ingenieros, sus técnicos y su maquinaria para seguir en el negocio de la transformación del plástico, pero dirigida a otro producto-mercado (Arango, 2013).

La diversificación puede ser pura, esto es cuando la empresa cambia totalmente de negocio sin tener en cuenta su experticia ni su trayectoria en los productos-mercado que tradicionalmente ha atendido. La mayoría de grupos empresariales han crecido apalancados en esta estrategia.

CAPÍTULO 3

GENERALIDADES DEL PLAN DE MARKETING

Lo importante es no dejar de hacerse preguntas.

Albert Einstein

3.1. Las principales preguntas sobre el plan de marketing

En el ámbito empresarial y, por supuesto, en el ámbito académico, es muy común encontrar dudas acerca de los diferentes procesos gerenciales, lo que en ocasiones se constituye en una causa para no introducirlos en la práctica diaria. Lo mismo sucede con el plan de marketing. Por ello, a continuación se presentan las respuestas a las preguntas más comunes formuladas por los empresarios y estudiantes con respecto a esta importante herramienta.

3.1.1. ¿QUÉ ES UN PLAN DE MARKETING?

Un plan de marketing es un documento que relaciona los objetivos de una organización en el área comercial con sus recursos. Es la bitácora mediante la cual la empresa establece los objetivos en términos comerciales que quiere alcanzar y lo que debe hacer para alcanzar dichos objetivos. Un plan de marketing generalmente es diseñado para periodos de un año, coincidiendo con la planeación de las organizaciones. Para el caso de productos nuevos, el plan de marketing se puede hacer solo para el periodo que hace falta con respecto a la terminación del año, o para este periodo más el año contable siguiente.

3.1.2. ¿PARA QUÉ SIRVE UN PLAN DE MARKETING?

El plan de marketing es una herramienta que permite a una organización hacer un análisis de su situación actual para conocer con certeza sus principales fortalezas y debilidades, al igual que las oportunidades y amenazas del entorno. Gracias a esto la organización puede aclarar el pensamiento estratégico y definir prioridades en la asignación de recursos. El plan de marketing ayuda a la empresa a generar una disciplina en torno a la cultura de planificar y supervisar las actividades de marketing de manera formal, sistemática y permanente.

3.1.3. ¿DEBO TENER UN PLAN DE MARKETING?

Sí, definitivamente sí. Toda organización debe tener un plan de marketing. No importa su tamaño; tampoco importa el sector donde compite. Una empresa que posee un plan de marketing tiene mayores probabilidades de tener éxito que aquella que no cuente con esta herramienta. Definitivamente, el plan de marketing le da a la empresa claridad de propósito y ayuda a definir el foco sobre las áreas que debe atender para garantizar los objetivos de esta. El plan de marketing, además, aporta claridad a la organización sobre lo que debe hacer y cómo hacerlo, de tal manera que invita a que la empresa y los ejecutivos encargados de la función comercial desplieguen la disciplina necesaria para llevarlo a feliz término.

3.1.4. ¿QUÉ PASA SI NO TENGO UN PLAN DE MARKETING?

En investigaciones realizadas con personas naturales, se ha encontrado que aquellos que tienen un plan de vida previamente definido ganan más que aquellos que no lo tienen, y aquellos que tienen su plan de vida escrito ganan más que estos segundos. Esta investigación, realizada dentro del campo de la exitología, es decir, el estudio de la manera como las personas pueden llegar a triunfar, se puede extrapolar al campo empresarial. En efecto, una empresa podría perfectamente marchar sin un plan de marketing, pero nadie asegura su sostenibilidad a largo plazo. Inclusive una empresa que tenga garantizada su sostenibilidad debido a la calidad de sus productos, la capacidad de sus directivos u otros aspectos, sin un plan es posible que esté perdiendo oportunidad de crear más valor para sus accionistas. No tener el plan formalmente escrito puede llevar a perder oportunidades de crecimiento y mejoramiento que solo se pueden ver mediante un proceso metódico, tal como lo brinda un plan de marketing.

3.1.5. ¿Se tarda mucho en hacer un plan de marketing?

Escribir un plan de marketing es un proceso que puede requerir mucho o poco tiempo; todo depende de las circunstancias. Una empresa pequeña podrá hacer su plan en un periodo de dos semanas, y una empresa más grande puede tardar hasta dos meses; eso es muy relativo. Aparte del tamaño de la empresa, hay que considerar si se tiene información actualizada o no. Depende también del tiempo que dedica la empresa a la elaboración de este. En todo caso, un plan de marketing debe hacerse con suficiente anticipación para garantizar que se van a tener en cuenta los temas importantes y que se va a dedicar tiempo a diseñar unas estrategias que correspondan a la realidad de mercado y a la realidad de la empresa, y que estén en concordancia con los objetivos buscados. No en vano en el capítulo de estrategia se dice que la estrategia es un vestido a medida.

3.1.6. ¿Cuándo se hace el plan de marketing?

Se recomienda que las empresas pequeñas y medianas hagan el plan al inicio del último trimestre del año contable, teniendo en cuenta que dependiendo del país el año contable difiere: para España, por ejemplo, el año contable va de enero a diciembre, por lo que el plan debe hacerse en octubre. En otros países los años contables pueden diferir; por lo tanto, es necesario tener en cuenta este dato para hacer la planificación con el debido tiempo.

3.1.7. ¿Una organización sin ánimo de lucro puede hacer un plan de marketing?

El plan de marketing es una herramienta no solo para empresas que persiguen beneficios; también las organizaciones sin ánimo de lucro son susceptibles de utilizarla para la planificación de su operación. Es así como la Iglesia, las fuerzas armadas, las fundaciones sociales y culturales y el mismo Gobierno, para alcanzar sus objetivos relacionados con el marketing, deben hacer un proceso riguroso de planificación que les permita, entre otras cosas, tener más adeptos, lograr la aceptación de sus ideas, contar con el apoyo de la sociedad y en algunos casos vender algunos productos y servicios según corresponda en cada una de las organizaciones mencionadas.

3.2. Los principales errores de un plan de marketing

3.2.1. ERROR 1: NO TENER UN PLAN

Es común encontrar empresas pequeñas y medianas y, por qué no reconocerlo, también algunas empresas grandes que no tienen un plan de marketing. Muchas de ellas lo único que hacen es desarrollar una serie de actividades a diario, repitiendo de manera intuitiva lo que ha funcionado en el pasado y desechando lo que no ha funcionado, pero sin una estructura clara de plan, sin unos objetivos y sin unos presupuestos debidamente definidos para soportar la operación de marketing.

3.2.2. ERROR 2: TENER UN PLAN Y NO EJECUTARLO

Es menos común, pero sucede que hay compañías que dedican tiempo a escribir un plan de marketing e incluso contratan consultores para que los apoyen en esta tarea, pero una vez terminado el plan lo archivan y no hacen uso de él, o lo ejecutan de manera muy parcial, con las consecuencias obvias de ello como son la pérdida de oportunidades de crecer en el mercado y mejorar el desempeño de la compañía, y por supuesto la pérdida del dinero pagado a los consultores. El consejo es que si la empresa se ha decidido a invertir tiempo y dinero en el diseño de un plan o si ha decidido contratar a un consultor, implemente las propuestas derivadas del plan o de la consultoría recibida.

3.2.3. ERROR 3: SOÑAR POCO EN LA ELABORACIÓN DEL PLAN

Un error en el que se puede caer con facilidad es ser poco ambiciosos en la fijación de objetivos y no reconocer el enorme potencial que puede tener una compañía, un producto, una marca o una idea. Lo recomendable es que la compañía se imponga retos que verdaderamente cambien su posición competitiva y su desempeño comercial.

3.2.4. ERROR 4: SOÑAR MUCHO EN LA ELABORACIÓN DEL PLAN

Lo contrario a lo planteado anteriormente, es soñar mucho y hacer unos planes muy optimistas que están por fuera de la realidad de la compañía. Una estrategia de marketing debe ser diseñada a la medida de cada compañía y dentro de las posibilidades de esta, por lo que es necesario exigirse, pero hay que ser racionales en lo que se quiere lograr. Esto se conoce como principio de realidad.

3.2.5. Error 5: empezar por la táctica

Dentro de los procesos de planificación de marketing, los ejecutivos, los empresarios y los equipos organizados para realizar esta tarea suelen equivocadamente sentarse a diseñar de manera automática acciones concretas para realizar (tácticas) sin haber definido una estrategia que cobije dichas tácticas, sin haber definido objetivos que soporten dichas estrategias y sin haber hecho el análisis previo necesario en todo proceso de planificación de marketing. La táctica está antecedida de la estrategia, la estrategia a su vez está antecedida de los objetivos, y así sucesivamente, como se verá con más detalle en un posterior capítulo.

3.2.6. Error 6: empezar por la estrategia

Aquí sucede lo mismo que en el punto anterior, pero con un elemento a favor de quienes empiezan por este paso, y es que por lo menos se han sentado a pensar en las estrategias que va a implementar la compañía en el área de marketing. Aquí se sigue cometiendo el error de no haber fijado previamente unos objetivos y no haber hecho el análisis de situación que se requiere en un plan de marketing.

3.2.7. Error 7: empezar por los objetivos

Todo plan de marketing empieza por un análisis de situación, que define las fortalezas, las debilidades, las oportunidades y las amenazas, variables sobre las cuales se definen los objetivos. Quienes empiezan a planificar desde los objetivos han olvidado la primera etapa: el análisis previo. Alguien podría decir que un empresario conoce tanto su compañía que el análisis de situación lo tiene en la cabeza, pero esto es un error, ya que el empresario podría tener ideas preestablecidas que en ocasiones no son ciertas. El empresario tiene una fotografía de un negocio en la cabeza, pero esta fotografía seguramente cambia con el tiempo. Por eso es necesario que se tome una nueva fotografía de la situación de la empresa y del mercado en que compite. Se debe entonces aplicar una metodología que obligue al estratega a revisar de manera integral y metódica todos y cada uno de los aspectos del negocio relevantes para el marketing.

3.2.8. Error 8: basar el plan en opiniones y no en cifras

Anteriormente se señalaba que un error común es planificar desde lo que el empresario o ejecutivo de marketing tiene en la cabeza, que en realidad son buenas apreciaciones de un negocio, pero acompañadas también de prejuicios e ideas predeterminadas sobre situaciones que en realidad no son como ellos imaginan o creen conocer. Es común que un estratega por simple soberbia sienta que lo sabe todo y haga caso omiso a las señales que da el mercado (Herrera, 2016).

La recomendación es utilizar una metodología, tal como se presenta más adelante en este libro, que le permita, con base en cifras y hechos reales, hacer un análisis sistemático y exhaustivo de todos los subsistemas de marketing y de los hechos relevantes del mercado en donde se puedan hallar elementos que puedan convertirse en objetivos que serán finalmente la base de la estrategia.

CAPÍTULO 4

EL PAPEL DEL MARKETING EN LAS EMPRESAS: MISIÓN, OBJETIVOS Y FUNCIONES[4]

Para saber de qué se trata un negocio debemos comenzar por su propósito. Y este debe estar fuera del negocio mismo. En realidad debe estar en la sociedad ya que la empresa de negocios es un órgano de la sociedad. Existe una sola definición válida del propósito de un negocio: generar un cliente.

Peter Drucker

4.1. Los dominios del marketing

Uno podría preguntar a un auditorio de estudiantes: ¿marketing son ventas? Unos dirían que sí, otros dirían que no. Se podría preguntar también: ¿marketing es publicidad? Y sucedería lo mismo que la anterior pregunta. Las respuestas adecuadas serían: marketing sí es ventas, pero no solo ventas. Marketing sí es publicidad, pero no solo publicidad.

Efectivamente, a pesar del amplio alcance del marketing, existen sesgos en cómo es percibido este. Muchos empresarios y gente del común piensan que marketing es vender. Está claro que las ventas son la prioridad para las

---

4   Este capítulo, en una versión más simple, fue publicado como artículo en la revista *Papeles de Administración* de la Facultad de Administración de la Universidad Piloto de Colombia. Aquí se presenta actualizado y enriquecido con elementos nuevos.

empresas. Esto se constituye en la principal y a veces la única angustia de estas, especialmente las pequeñas y las informales. Sin embargo, pensar que marketing es solo vender es una óptica reduccionista que desconoce que, además de ayudar a asegurar a corto plazo el funcionamiento de las organizaciones en general a través de su apoyo al proceso de ventas, el marketing persigue también objetivos que se sitúan en el largo plazo, que son los que a la larga van a crear las condiciones necesarias para que la empresa se vuelva sostenible y cada día los objetivos a corto plazo, especialmente el de ventas, se cumplan con mayor facilidad, o que sean un resultado de este. A continuación se presentan siete dominios o usos que podría tener el marketing dentro de las organizaciones.

4.1.1. Ventas

Desde la revisión de los objetivos de marketing (estratégicos y tácticos/ operativos) se puede entonces inferir que el alcance del marketing va más allá de los posibles sesgos que tengan algunas personas sobre él. He identificado por lo menos siete dominios, tal como aparece en la figura 2. El de *ventas* es el más extendido en empresas que no tienen una clara orientación al mercado. Este tipo de sesgo es apenas natural si se tiene claro que la principal preocupación de un inversionista es reproducir su capital, y es a través de las ventas como en una empresa comercial se puede lograr esto.

4.1.2. Publicidad

Hay personas que creen que hacer marketing es hacer publicidad. Este sesgo es muy común en ciertas organizaciones como por ejemplo las universidades, que en ocasiones contratan a un comunicador o una comunicadora social para que maneje el área de marketing. Evidentemente, este tipo de organizaciones se vuelcan de manera muy fuerte a realizar actividades relacionadas con las comunicaciones de marketing como publicidad en medios masivos y medios digitales, y también realizan actividades de relaciones públicas y promoción de ventas. En este orden de ideas, tienen presencia en ferias especializadas, realizan visitas guiadas a las instituciones y entregan artículos promocionales (lapiceros, camisetas, etc.). El sesgo en algunas universidades por la comunicación como sinónimo de marketing es tan alto que inclusive renuncian a generar actividades relacionadas con las ventas, es decir que no tienen personas dedicadas a vender sus productos académicos.

Figura 2. Dominios del marketing

Fuente: Hoyos (2018)

4.1.3. Inteligencia

La inteligencia tiene que ver con generar procesos para conseguir información relevante para la empresa y que esta se use para diseñar estrategias que respondan a las situaciones específicas de mercado, pero muy especialmente con que esas estrategias se implementen de manera apropiada. Ser inteligente, no es cuando se sabe mucho, sino cuando lo poco o mucho que se sabe se utiliza para resolver problemas o capitalizar oportunidades. La inteligencia tiene que ver con todos los procesos de investigación de mercados, inteligencia comercial, *big data*, inteligencia artificial y otras herramientas utilizadas para recoger información en lo que se conoce como sistema de información de marketing (Forero, 2017).

4.1.4. Estrategia

La estrategia como dominio del marketing hace referencia a que la persona que está al frente del marketing de una organización debe ayudar a definir el horizonte estratégico de esta. Dicho horizonte tiene que ver con dos variables:

los productos y los mercados que deberá abordar una empresa en el futuro (Juliao, 2016). En este dominio, el marketing se debe convertir en la brújula de la empresa de tal manera que le permita conocer a esta dónde colocar los recursos, de tal forma que se asegure la permanencia en el largo plazo.

Convertirse en la brújula de la empresa es relativo; depende del tamaño de la organización y su nivel de desarrollo. En empresas grandes, son las juntas directivas las que normalmente definen este horizonte estratégico pero, en la medida en que se revisan empresas más pequeñas, el apoyo de marketing para definir este tipo de elementos resulta vital. Esto no es gratuito, porque realmente no hay en las empresas quien conozca tanto el negocio como la persona de marketing, quien tiene contacto con los consumidores, los canales, las agencias y los procesos de producción. No en vano es a través de las ventas y el marketing como muchos presidentes de compañía llegan a serlo (Ries & Trout, 1989).

4.1.5. Innovación

Muy relacionado con lo anterior, la gente de marketing, por su formación profesional y por su perfil personal, es muy proclive a generar procesos tendientes a desarrollar soluciones diferentes a lo que hay en el mercado. En este orden de ideas se espera que desde marketing se adelanten proyectos para desarrollar nuevos productos, identificar nuevos canales de comercialización, diseñar nuevos medios publicitarios y, en fin, todo tipo de acciones que permitan a las marcas a su cargo presentarse de una manera diferente a sus consumidores. La industria de bebidas refrescantes de té en Colombia es un buen ejemplo: ella creció un 431% en un periodo de cinco años como resultado de la innovación que se dio en la categoría a través de diversas presentaciones de productos. Esto demuestra que la innovación no es simple moda sino que, por el contrario, esta puede reportar importantes réditos a las empresas. (Díaz, 2014).

4.1.6. *Branding*

Este dominio es tan importante que hay algunos que creen que el *branding* es una disciplina que está trascendiendo al marketing y está ganando un puesto autónomo que inclusive lo supera en importancia. De cualquier manera, el *branding* es una de las funciones primordiales del estratega de marketing. En este sentido, debe procurar que las marcas a su cargo sean fuertes en los siguientes elementos al menos: *awareness* o conciencia (la marca en la mente), conexión emocional (la marca en el corazón), diferenciación, relevancia (que la promesa de valor esté alineada con la necesidad del consumidor), desempeño o calidad percibida, lealtad de marca, identidad (que esté asociada a elementos importantes) y posicionamiento (Hoyos R. , 2016).

4.1.7. Relaciones

Este último dominio del marketing tiene que ver con la manera como una empresa a través del tiempo se acerca de manera consuetudinaria a sus clientes (compradores) y genera relaciones fuertes que favorecen los negocios. Las relaciones son un activo no tangible que debería ser valorado en los estados financieros de las compañías porque tienen tanto valor como lo tienen otros activos.

4.2. Alcance del marketing

Para entender el alcance del marketing dentro de una organización, es necesario aclarar que este varía dependiendo de su tamaño y su origen. Con base en estas dos variables, podría dividirse en nueve tipos[5] según se muestra en la figura 3. Por su tamaño encontramos grandes, medianas y pequeñas; por su cobertura encontramos multinacionales, nacionales y locales. Las ubicadas en el cuadrante 1 (multinacionales grandes) pueden ser divididas a su vez en dos: las de consumo masivo y las otras, es decir, las de servicios, las industriales, las comerciales, etc. Se hace esta distinción porque las empresas de cuadrante 1 de consumo masivo tienen una visión tal que las hace pensar en el marketing como una prioridad para su desarrollo y lo reflejan en su cultura, sus presupuestos y el diseño de su estructura, la cual está orientada a capitalizar las oportunidades que les ofrezca el mercado en función del consumidor. Las otras empresas del cuadrante 1, a pesar de tener posibilidades de orden económico, no necesariamente privilegian el marketing dentro de sus procesos empresariales por diversos factores, especialmente el relativo a que no existe una cultura propicia para ello.

---

5   Esta clasificación es arbitraria y ha sido generada por el autor exclusivamente para tratar de explicar el alcance del marketing dentro de las empresas.

Figura 3. Tipos de empresas por su tamaño y origen

	Multinacionales	Nacionales	Locales
Grandes	Consumo masivo 1	2	3
Medianas	4	5	6
Pequeñas	7	8	9

Fuente: el autor

Las empresas grandes, por lo general, tienen separadas las funciones de marketing y ventas: cada una tiene un responsable (gerente), que depende de una vicepresidencia comercial. En las empresas de cuadrante 1 de consumo masivo es recurrente ver una estructura por gerencias de marca[6], en donde el gerente actúa como "el gerente del negocio" en lo que a su marca respecta (Hoyos R. , 2016). Este, además de responder por el marketing estratégico de su marca, responde por el resultado financiero, y para ello debe inclusive influir en temas de producción para obtener mayores beneficios a través de la optimización de los costos de su marca.

En las otras empresas del cuadrante 1 (multinacionales grandes diferentes a empresas de consumo masivo), el marketing puede ser un área grande orientada

---

6   La denominación depende del tamaño de la empresa: las que tienen una cartera de productos pequeña tienen gerencias de marca, y las más grandes o con portafolio de productos más complejos tienen gerencias de línea, pero para este caso hablaremos genéricamente de gerencias de marca.

por una gerencia, que se encarga tanto de lo táctico como de lo estratégico y responde por todos los productos y marcas de la empresa, a diferencia de los gerentes de marca, que responden por una o unas cuantas marcas. Su alcance es menor que el de un gerente de marca porque no se evalúan por la rentabilidad de las operaciones sino según otros criterios, y su injerencia a nivel de la política de precio y los temas de producción es escasa. Por su lado, el área de ventas, en ambos casos en las empresas de cuadrante 1, por lo general es un área grande que responde porque la estrategia de marketing se vuelva una realidad generando negocios entre canales y consumidores, tal como se mostrará más adelante.

En las empresas medianas es común ver cómo la gerencia de marketing genera la estrategia de mercadotecnia y responde por las ventas de la empresa. Incluso en las empresas medianas de productos industriales, muchas compañías tienen un área netamente comercial, y el diseño de la estrategia de marketing es algo marginal que se contrata con un tercero o que desarrolla alguien del área comercial de manera empírica e intuitiva. En las empresas pequeñas no existe un área formal de marketing y en muchísimas ocasiones ni de ventas; el dueño del negocio es quien maneja el tema comercial e incluso él es el principal vendedor o el único. Este no se preocupa por el tema del marketing porque no tiene formación o no tiene interés en ello, o simplemente no le queda tiempo para ello, pues su principal angustia es lograr el nivel de ventas que le permita generar el flujo de caja necesario para mantener funcionado el negocio y, por qué no decirlo, su sustento diario. Por lo anterior, para efectos de este capítulo, cuando se habla de la función de marketing se está haciendo referencia a la función global en la que se involucran tanto marketing como ventas.

El marketing, visto de manera integral como función comercial de una empresa u organización, involucra un componente táctico y un componente estratégico tal como se muestra en la tabla 2. El componente o plano táctico está relacionado, entre otros elementos, con las ventas, función que tiene un horizonte de tiempo que generalmente se estima en un año, ya que los planes de ventas están estimados en dicho lapso. La función de las ventas es volver realidad en el mercado la estrategia de marketing, y esto se logra colocando el producto en los canales y en las manos del consumidor. Además de las ventas, dentro del plano táctico se encuentran todas las actividades relacionadas con publicidad, relaciones públicas, promoción de ventas, entre otras.

El plano estratégico del marketing está relacionado especialmente con las marcas y específicamente con la construcción del *brand equity* de estas, como se mencionaba en la parte correspondiente a dominios del marketing. En esta perspectiva estratégica el papel del marketing es colocar la marca en la mente y en el corazón de los consumidores. El marketing, además, desempeña otros dos papeles clave dentro del proceso comercial de una compañía: el primero hace referencia a la función de inteligencia comercial, es decir, la capacidad de recoger información relevante del mercado para diseñar e implementar respuestas que capitalicen las oportunidades. El otro papel preponderante del marketing dentro de la organización es el de constructor de relaciones; en efecto, desde el marketing se deben desarrollar programas tendientes a tener excelentes relaciones a largo plazo, principalmente con los canales y con los consumidores.

Tabla 2. La función comercial en una empresa multinacional grande

Vicepresidencia comercial	
Gerencia de ventas.	**Gerencia de marca.**
• Perspectiva operativa. • Horizonte de corto plazo. • Vuelve la estrategia una realidad. • Responde por las ventas de la compañía. • Se ocupa de colocar los productos en los canales y las manos de los consumidores.	• Perspectiva estratégica. • Horizonte de mediano y a largo plazo. • Define la estrategia. • Responde por la construcción de marcas poderosas. • Se ocupa de colocar las marcas en las mentes y los corazones de los consumidores. • Genera la estrategia de relacionamiento de la marca.

Fuente: el autor

4.3. El rol de la gerencia de marketing

La persona responsable de marketing, en cumplimiento de su rol, debe alcanzar unos objetivos, que es para lo que se le contrata. Sus empleadores lo evaluarán bien y justificarán su salario y posibles incrementos en la medida en que alcance dichos objetivos. Si es una empresa con poca cultura de marketing, se le exigirán unos resultados en términos de ventas especialmente; si existe una cultura de marketing, se le exigirá que concrete resultados relacionados con marca, innovación, nuevos productos, etc. Dentro de estos objetivos, existe uno, el misional, que es imperceptible para la empresa y en general para las personas que no tienen una formación en marketing sólida. La misión de la gerencia de marketing es orientar la empresa al mercado: esto significa trabajar para desarrollar una cultura de marketing dentro de la organización, de tal manera que se allane un camino para que conseguir los otros objetivos sea mucho más cómodo. Por ser un tema de mucho impacto para la gestión de marketing, se profundizará más adelante.

En cumplimiento de su rol, y con miras a alcanzar los objetivos, el estratega de marketing deberá entonces desarrollar una infinidad de tareas como investigar al consumidor, diseñar promociones, desarrollar productos, hacer presencia en medios, diseñar una estrategia digital, capacitar vendedores, etc. Por esto no se le paga a la gerencia de marketing, pero debe hacerlo para alcanzar los objetivos para los cuales fue contratada. Es común encontrar personas que confunden una tarea con un objetivo; por ello considero necesario hacer la claridad al respecto.

4.3.1. OBJETIVO MISIONAL DEL MARKETING

Como se anotaba, el objetivo misional del marketing es orientar una empresa al mercado. Esta es una obligación de la persona que maneja esa función en la organización y no es visible para el grueso de las personas; por tanto, no es un tema sobre el cual se premie o castigue al responsable de marketing. Sin embargo, si esto no se da, es difícil que la empresa alcance los otros objetivos. Orientar la empresa al mercado es, en esencia, tener al consumidor como foco de toda acción empresarial y como referente permanente a la competencia y el entorno. No debe confundirse orientar una empresa al mercado con orientar una empresa al marketing, ya que esto último implica hacer inversiones en marketing de una manera indiscriminada sin que necesariamente se esté poniendo en el foco de las decisiones al mercado y principalmente al consumidor, quien es el actor más importante de dicho mercado (Shapiro, 1995).

El concepto de orientación al mercado fue acuñado en 1990, en un artículo que se convertiría en el pionero de una serie de publicaciones relacionadas con el tema y escrito por Kohli, Jaworski y Kumar (1990). Los autores afirman que una empresa está orientada al mercado si cumple con tres premisas básicas: tener al consumidor como centro de todas sus acciones, tener un marketing coordinado y estar orientado a los beneficios.

Tener al consumidor como foco de la acciones de marketing implica recoger información acerca de sus necesidades y preferencias, y más allá de esto significa tomar decisiones basadas en la inteligencia de marketing[7]. Por su parte, un marketing coordinado hace referencia a que la responsabilidad del desarrollo e implementación de este no corresponde solamente al departamento respectivo, sino que involucra a toda la organización, así como el conocimiento del consumidor y la resolución de sus necesidades involucra a toda la organización. Finalmente, la orientación a los beneficios, aunque en menor proporción, es el tercer pilar de la orientación al mercado, aunque para algunos es simplemente la consecuencia de estar orientado al mercado. En resumen, la orientación al mercado es la capacidad que tiene una empresa para recoger y diseminar dentro de su organización información del mercado y de dar respuesta a ella mediante acciones y estrategias concretas. Es también, dicho de otra forma, la manera práctica como se concreta el marketing como filosofía *(marketing concept)*, en donde el consumidor es el foco de toda acción de marketing (Kohli, Jaworski & Kumar, 1990).

La orientación al mercado aporta al mejoramiento en muchos aspectos. Por un lado, focaliza la estrategia de la empresa; además, ayuda a mejorar los indicadores de desempeño en cuanto a retorno de la inversión, beneficios, volumen de ventas, participación en el mercado y crecimiento de las ventas, tal como lo anotan Kohli, Jaworski y Kumar (1990).

Por lo anterior, no se puede pensar en la orientación al mercado como un concepto abstracto, pues en realidad se puede volver una práctica, por lo que existen escalas que ayudan a medir si una empresa ha logrado alcanzar este objetivo. Hay dos muy reconocidas para tal fin. Kohli, Jaworski y Kumar (1990) proponen una escala denominada Markor *(Measure of Marketing Orientation)*, en la que reúnen 32 factores en tres grupos: generación de inteligencia, diseminación de inteligencia y capacidad de respuesta, y la cual se divide en diseño de la respuesta e implementación de esta. Esto se entiende como la capacidad que tiene una empresa de recoger información del mercado, difundirla dentro de las organizaciones entre las personas y departamentos interesados y, sobre todo, convertirla en estrategias tendientes a su capitalización. Un ejemplo de esta escala se puede ver en el anexo 1.

---

7   La inteligencia de marketing es un término que involucra también el análisis de factores de mercado y de competencia, regulaciones que puedan afectar tanto necesidades actuales como futuras de los consumidores.

Mkator, la otra escala para medir la orientación al consumidor, fue desarrollada por los investigadores Narver y Slater (Farlell, 2002), y se basa en cinco criterios: los tres primeros referentes al comportamiento de la organización, en donde se analizan la orientación al consumidor, la orientación a la competencia y la coordinación interfuncional; los dos criterios restantes hacen referencia al foco de las decisiones, y aquí se analiza si estas son tomadas pensando a largo plazo o no, y si se tiene como punto de mira la generación de beneficios.

El concepto es muy importante y de impacto para las empresas. Se han llevado a cabo estudios que muestran que una empresa que ha adoptado una orientación al mercado puede tener un mejor desempeño frente a las que no lo han hecho. En un estudio realizado por Narver y Slater en 1990 (con una muestra de 140 unidades estratégicas de negocios), se mostró que asumir una filosofía de negocios orientada al mercado fue clave para obtener una mayor generación de ganancias. Sin embargo, este no es el único estudio que muestra una relación directa entre el desempeño de una organización y el hecho de haber adoptado una orientación al mercado: el académico Fred Langerak (2003) presenta una relación de 32 estudios, de los cuales 22 evidencian de manera empírica cómo los beneficios, el retorno sobre la inversión, la participación en el mercado, la introducción de nuevos productos, el crecimiento en las ventas, la retención de clientes y otros indicadores son influenciados positivamente por una orientación al mercado como filosofía de negocios. Esto demuestra que orientar una empresa al mercado, más que ser un concepto teórico, es una filosofía de negocios que se puede implementar de manera práctica; implementación que puede ser medida y cuyos resultados o impacto en el desempeño de marketing pueden ser cuantificados.

4.3.2. Los objetivos del marketing

El trabajo de la gerencia de marketing, como se había dicho, se puede situar en el plano táctico y en el plano estratégico. En el plano estratégico, su principal función es definir o ayudar a definir, dependiendo del tamaño de la empresa y de su apertura hacia el marketing, los mercados que va a cubrir –o los segmentos específicos que se van a abordar– y los productos con los cuales se van a cubrir estos mercados o segmentos. También es su deber construir o ayudar a construir ventajas competitivas para los productos a su cargo, generar posiciones distintivas frente a la competencia en lo que se conoce como el posicionamiento y, sobre todo, construir marcas fuertes.

En el plano táctico, la gerencia debe definir lo que se conoce como la mezcla de marketing para cada producto, es decir, las políticas de producto, de distribución, de precio y de comunicación con sus mercados meta. Adicionalmente, debe generar procesos de consecución o captura de clientes nuevos, fidelización de estos y recuperación de los clientes perdidos. También debe establecer procesos para que sus compradores actuales compren con más frecuencia, más productos y mejores versiones. Más allá de esto, la gerencia debe crear programas que lleven a que los clientes actuales vinculen clientes por su cuenta en lo que se conoce como programas de referenciación. El proceso de captura, retención, crecimiento y referenciación de clientes se puede agrupar en un modelo conceptual denominado Modelo Integral de Gestión de Marketing CASAR, el cual se revisará más adelante.

Derivado de lo anterior, el encargado de marketing en una organización debe procurar cumplir unos objetivos muy concretos a través de los cuales será evaluada su gestión. Él es contratado por la empresa para cumplir unas metas[8] muy concretas, a la luz de las cuales se le premiará o se le castigará en caso de cumplirlas o no. Desde Drucker (2002), los objetivos de marketing tienen que estar relacionados con productos actuales, abandono de productos, nuevos productos, nuevos mercados, distribución y rendimiento de los servicios, especialmente. En complemento a esto, se puede afirmar que además se deben tener objetivos relacionados con ventas y rentabilidad, salud de la marca y reputación de la compañía, salud de la base de consumidores y calidad de las acciones de marketing (Clark, 2001).

Los objetivos pueden ser operativos o estratégicos. Los operativos pueden dividirse en dos: los básicos, es decir, los que son comunes a todo tipo de negocio, y los particulares, aquellos que se fijan dependiendo del tipo de negocio o empresa de la que se esté hablando. Dentro de los objetivos básicos se destacan el de ventas, el de cartera y el de rentabilidad, los cuales por lo general se trabajan en un horizonte de un año, y su seguimiento se hace de manera periódica, ya sea diaria, semanal o mensual (es común también que se haga seguimiento por trimestres). Adicional al objetivo de ventas, hay otros objetivos a operativos, como se muestra en la tabla 3.

---

8 Varios autores distinguen entre metas y objetivos: para algunos una meta es un logro parcial que acerca a la empresa a un objetivo; para otros es lo mismo.

Tabla 3. Objetivos de marketing

Objetivos tácticos/operativos	Objetivos estratégicos
Ventas	*Share of mind* (recordación de marca)
Cartera	*Top of mind*
Rentabilidad	*Top of heart* (preferencia de marca)
Lanzamiento de nuevos productos	Participación en el mercado
Vinculación de clientes (clientes nuevos)	Posicionamiento
Deserción de clientes/retención	Cobertura geográfica
Satisfacción	Calidad de clientes (tipos A, B, C)
Recuperación de clientes	
Deserción de vendedores	
Cotizaciones colocadas	

Fuente: el autor

Además de los objetivos de carácter básico, que son comunes al grueso de empresas, existen unos objetivos particulares que se dan en cada negocio de manera singular. Es común, por ejemplo, que un banco que tiene dentro de su portafolio el servicio de tarjetas de crédito tenga como objetivos la colocación de plásticos, la activación de estos y el monto mínimo de utilización de estas tarjetas (ticked promedio), lo que quiere decir que, para llegar a cumplir con el objetivo de ventas –que es la utilización de la tarjeta de crédito–, primero se deben cumplir unos pasos intermedios, mencionados anteriormente. Así, hay que generar estrategias para colocar plásticos en el mercado, para que las tarjetas colocadas se activen y para que los montos promedio por transacción sean más elevados. Para las empresas que tienen puntos de venta o que están en el sector comercial, existe un indicador importante que se conoce como tráfico, que hace referencia al número de personas que visitan el punto de venta en un periodo determinado. Este indicador[9] permite generar estrategias para aumentar el tráfico en épocas con bajo flujo de visitantes.

El sector universitario puede tomarse también como ejemplo: las *ventas* de una universidad son el resultado de la matrícula de estudiantes, pero para que esto se produzca se deben seguir tres pasos: primero hay que lograr que los interesados se preinscriban, lo que significa diligenciar en línea unos datos

---

9   Objetivo es lo que se quiere lograr, e indicador es el valor que toma dicha variable.

básicos. Luego se debe buscar que pasen al siguiente estado, es decir, que se inscriban, lo que significa cancelar los derechos respectivos y presentar los documentos de rigor. Después, se requiere que los que se inscribieron se presenten a las pruebas respectivas y que los que se presentaron a las pruebas realmente se matriculen o cancelen la matrícula. Esto implica que, en el caso del banco o de la universidad, mediante un seguimiento histórico se debe conocer la relación de personas que pasan de un estado a otro, lo que quiere decir, finalmente, que cada institución, de las señaladas en los ejemplos, debe saber que para obtener determinado número de ventas requiere unos indicadores mínimos en los pasos anteriores. En definitiva, esto lo debe convertir en objetivos e indicadores que permitan medir el avance en los procesos de marketing.

Los objetivos estratégicos son los que le generan posibilidades a una compañía de mantenerse en el tiempo y ayudan a que los de corto plazo se alcancen de una manera relativamente más cómoda. El principal objetivo de un estratega de marketing es construir una marca fuerte o poderosa, pues al fin y al cabo una marca es el principal activo de una compañía. Dentro de los principales objetivos con respecto a la marca están el *share of mind* (personas que recuerdan la marca), el *top of mind* (personas que recuerdan la marca primero por encima de otras) y el *top of heart* (personas que prefieren la marca).

4.3.3. LAS FUNCIONES DE LA GERENCIA DE MARKETING

Para cumplir con la misión y alcanzar los objetivos, el encargado del marketing en la organización, como cualquier ejecutivo de primer nivel, debe desplegar infinidad de funciones en el día a día de su trabajo. Mintzberg y Quinn (1993) las agrupan en tres categorías: funciones de relaciones interpersonales, funciones de información y funciones de decisión. Esta propuesta puede ser ampliada a siete grupos de funciones: las sociales, las de inteligencia, las de innovación, las de planificación, las de organización, las de dirección y, finalmente, las de control.

Funciones sociales

Este grupo de funciones para algunos podría resultar marginal, y existiría la tentación de eliminarlo o colocarlo al final dentro del inventario de funciones, pero la particularidad del marketing hace que se reconozca que la esencia de este son los seres humanos, y por encima de todo quien lidera esta función en la organización es una persona que trata con personas: "el marketing en realidad es, ante todo, una cultura empresarial donde prima el hombre por encima de todas las cosas" (Gómez, 2011, p. 21).

Efectivamente, la gerencia de marketing, como líder de un área o un departamento, debe ser la imagen de su área frente a la comunidad, ya que remplaza en ocasiones a la dirección general en reuniones importantes con instituciones gubernamentales, gremios, asociaciones o medios de comunicación, y con todo tipo de organizaciones que directa o indirectamente tengan alguna relación con la compañía. Frente a los clientes debe interactuar de manera permanente asistiendo a cenas, cócteles y todo tipo de ceremonias que puedan acercar a la organización a sus consumidores o sus intermediarios. A nivel interno, también debe ejercer funciones ceremoniales frente a los empleados, presidir festejos, celebraciones, actividades de orden social, entre otras. Hacer esto es importante para mantener una imagen positiva frente a los demás integrantes de la organización en virtud de las relaciones presentes o futuras que se puedan llegar a tener con ellos. Dentro de dichas funciones sociales también está el servir como *interlocutor* y *enlace* de su departamento con los otros con los que deba actuar (producción, finanzas, sistemas, recursos humanos, gerencia general e incluso con la junta directiva) (Mintzberg & Quinn, 1993).

Funciones de inteligencia

Estas funciones hacen referencia a generar procesos para recoger información del mercado, de los consumidores, de la competencia y de la misma compañía. Esto se logra a través de procesos de investigación y de inteligencia de mercados mediante el uso de diferentes técnicas como encuestas, *focus groups*[10], entrevistas, etnografías, observación, técnicas proyectivas y paneles, principalmente. La inteligencia como función también se refiere a la necesidad de estructurar un sistema informal para recoger información de la competencia y de la propia empresa a través de técnicas como el comprador incógnito y otras que existen para tal fin. Se debe aclarar que no es suficiente recoger la información, sino que es necesario difundirla a los interesados dentro de la organización para que estos diseñen soluciones de acuerdo con lo encontrado en los procesos de recolección de información.

Funciones de innovación

Esta es una de las principales funciones de la gerencia de marketing. La innovación se puede desarrollar en varios niveles: el primero hace referencia al

---

10   Se traduce como sesiones de grupo, grupos de enfoque o grupos focales.

desarrollo de nuevos productos, por lo cual se debe trabajar permanentemente para rejuvenecer el portafolio tomando en cuenta las tendencias del mercado, las demandas y presiones del consumidor, y las propuestas de la competencia. Para el desarrollo de este grupo de funciones se requiere el apoyo de la inteligencia de marketing para la visualización de oportunidades de nuevos productos. La innovación también hace referencia a la evaluación de los productos existentes, lo que incluye evaluación y mejoramiento en caso necesario de sus características, componentes, *packaging*, símbolos identificadores[11] y demás elementos que forman parte de este.

Otra de las tareas importantes que debe llevar a cabo la gerencia de marketing en estos términos es el desarrollo de nuevos canales de distribución. Si esta tarea se cumple, se asegurará para la empresa un crecimiento sostenible a largo plazo, y el gerente logrará consolidar su imagen y su presencia dentro de la organización para la cual concrete este logro. La innovación debe darse también a nivel de modelos de comercialización, es decir, debe buscar formas diferentes de acceder a sus mercados meta y de hacer negocios con estos empleando esquemas de distribución, promoción y pago diferentes a los que se manejan dentro del paradigma dominante del mercado.

Funciones de planificación

Aunque el comité de dirección o la gerencia general son los entes que por lo general definen la estrategia general de la empresa en cuanto a los productos y los mercados que esta va a atender, la gerencia de marketing puede apoyar este proceso generando ideas o aportando información pertinente para tal fin. Sin embargo, en empresas medianas y pequeñas, es posible que en ocasiones el área de marketing sea la que defina plenamente estos aspectos. Cualquiera que sea el caso, dentro de su esfera de responsabilidades la gerencia de marketing debe determinar los segmentos a los que va a dirigir campañas o estrategias específicas. También debe encargarse de hacer el plan anual de marketing tanto para los productos actuales como para los nuevos, el plan de ventas y el plan de inversión publicitaria (planes que forman parte del plan de marketing).

A nivel del diseño y la administración de la estrategia de distribución, la persona responsable de marketing, además de definirla, debe también determinar

---

11 Se entiende por símbolos identificadores aquellos elementos de orden polisensorial (colores, imágenes, símbolos, fuentes tipográficas, odotipos, cortinas musicales, banderas, himnos) que identifican a una empresa y la diferencian de la competencia.

los miembros de los canales e, incluso, negociar con ellos el respaldo a los productos y las estrategias diseñadas para apoyarlos *(trade marketing)*.

Con respecto al diseño de políticas de precios, es en esta variable donde en ocasiones el responsable de marketing tiene menor injerencia. Es muy común que en empresas medianas y pequeñas, incluso en muchas grandes, el precio de un producto lo defina el dueño del negocio, el gerente financiero o un departamento de planificación; en empresas muy grandes existen vicepresidencias encargadas exclusivamente de fijar los precios. En definitiva, el papel del encargado del marketing en el tema del precio en muchos casos se limita a realizar investigaciones sobre precios, suministrar datos del mercado y hacer recomendaciones. Además de esto, puede ayudar a definir temas relacionados con la forma y los medios de pago.

En la variable comunicación, es donde en ocasiones el encargado de marketing tiene mayor oportunidad de actuar en comparación con las otras variables del *mix* de marketing[12]. Algunas personas piensan que el marketing se reduce al manejo de esta variable, por lo que no es raro escuchar, de manera equivocada, referirse a la persona de marketing como "la que imprime los folletos y organiza los cócteles". La persona de marketing, además de definir la estrategia de comunicación, ya sea apoyada por una agencia de publicidad o por un publicista profesional, escoge los medios, negocia con ellos y se involucra en el diseño de las campañas en cuanto al tono y el detalle de las piezas publicitarias.

Funciones de organización

Dentro de este grupo de funciones, la persona responsable de marketing debe encargarse de diseñar o rediseñar la estructura (organigrama) del departamento, de tal manera que esta corresponda a las particularidades del negocio y del mercado. A partir de esto debe definir directrices para el diseño de los puestos de trabajo, manuales de funciones, etc. Por otra parte, desde la función de ventas debe diseñar la estructura del respectivo departamento y crear planes de reclutamiento, selección, capacitación, remuneración, capacitación y evaluación de la fuerza de ventas.

---

12 Término que se traduce como mezcla de marketing, concepto que se entiende como el conjunto de herramientas del que dispone el estratega de marketing para lograr cumplir sus objetivos dentro de un mercado meta. Borden, pionero del concepto, identificó 12 variables, y luego Jerome McCarthy las redujo a cuatro variables (producto, precio, plaza y promoción). Hoy diferentes autores proponen muchas más variables que las que tradicionalmente se han manejado, tal como lo proponía Borden.

Corresponde también a estas funciones la organización de las actividades particulares planteadas en el plan de marketing, como la consecución de las personas y demás requerimientos relacionados con el desarrollo y el lanzamiento de nuevos productos, actividades promocionales, eventos y demás que correspondan.

Funciones de dirección

Esta función implica ejecutar lo que se ha planeado, esto es, ejercer el liderazgo necesario para que las cosas se hagan. Como líder, la persona responsable de marketing debe procurar que todos los planes que ha diseñado se implementen según los cronogramas establecidos y respetando los presupuestos, asegurando que se cumplan los objetivos con eficiencia y efectividad. Esto requiere la capacidad de comunicar la estrategia de una manera muy clara a todos los interesados para que cada cual conozca qué se espera de él y se comprometa con el proceso. La motivación, el ejemplo y el acompañamiento son esenciales para ejercer estas funciones.

Por su parte, la capacitación es otro tema vital dentro del trabajo de la gerencia de marketing, tanto de las personas a cargo como de otras personas dentro de la organización. Debe llegar incluso a los canales y a los proveedores, pues realmente es una de las herramientas más poderosas que tiene, ya que a través de ella puede conocer profundamente a su gente y a sus colaboradores internos y externos, y asegurar mediante esta que las cosas se hagan como él las ha previsto.

Funciones de control

La gerencia de marketing, en este grupo de funciones, se debe encargar de hacer la verificación del cumplimiento de los objetivos, en lo que se conoce como la auditoría de marketing o *marketing audit*. Esta puede ser de dos tipos: de conformidad y de gestión. La primera hace referencia a verificar que las actividades de marketing se hagan dentro de los parámetros establecidos según los planes, los procedimientos, las políticas y las leyes mismas; por otra parte, la auditoría de gestión tiene como objetivo verificar que las estrategias y los recursos utilizados estén arrojando los resultados esperados.

En este orden de ideas, la gerencia de marketing, en cuanto a la auditoría de conformidad, debe verificar que los recursos se estén gastando en las actividades que se han programado, que los planes se estén ejecutando en los tiempos previstos y que se estén respetando normas, políticas, procedimientos y leyes en cuanto al manejo de precios, publicidad, distribución, entre otros aspectos. En cuanto a publicidad, debe verificar que se estén respetando los horarios y el número de apariciones pactados con los medios. En los canales debe verificar que los productos estén exhibidos en los sitios contratados y que la publicidad se ubique en el punto de venta de la manera prevista. En cuanto a precio, debe verificar que los canales estén cobrando al mercado los precios sugeridos, y en cuanto a los regalos promocionales y las muestras de producto se debe verificar que esos lleguen a las manos de sus destinatarios y no se queden en las manos de los vendedores o de otras personas de marketing. En el capítulo 7 se tratará con detalle todo lo relacionado con la auditoría de marketing.

MODELO INTEGRAL DE GESTIÓN DE MARKETING CASAR (CAPTURAR, MANTENER Y AUMENTAR CLIENTES)[13]

La gestión de marketing se puede dar en dos direcciones: la estratégica y la operativa. La primera, según Lambin, Galluci y Sicurello (2008, p. 7), tiene que ver entre otras cosas con la "elección de un posicionamiento y/o una estrategia de desarrollo", precedida de un proceso de análisis del mercado, sus segmentos, el atractivo de cada segmento y el análisis de la capacidad competitiva de la empresa. En complemento con lo anterior, en este libro se ha dicho que el marketing desde lo estratégico, además del posicionamiento, tiene que ver con otros factores como el portafolio de productos, el *branding* y la estrategia de innovación, elementos estos que en el fondo se orientan a ostentar una posición única en el mercado.

---

13 Este modelo ha sido desarrollado por el autor para llevar a cabo procesos de consultoría en direccionamiento estratégico de marketing. Su gran ventaja es que aborda de manera integral lo que debe ser el proceso de gestión de marketing de una empresa u organización desde una perspectiva operativa.

Este marketing estratégico se despliega a través del marketing operativo, el cual se relaciona con el *mix* de marketing (producto, precio, plaza y promoción) (Lambin, Galluci & Sicurello, 2008). Frente a este concepto hay mucha controversia: mucha gente considera que hablar de solo cuatro variables ya resulta obsoleto, por lo cual han propuesto agregar otros elementos al *mix* de marketing tradicional. En este libro se hace una propuesta inédita que se relaciona con un modelo de gestión del marketing operativo que complementa el *mix* de marketing. Se parte de la premisa de que una organización debe ser vista como un sistema que integra procesos y recursos (físicos, humanos y financieros) para cumplir sus objetivos. Este sistema se compone de unos subsistemas que cumplen funciones muy específicas: finanzas, producción y marketing; adicionalmente puede considerarse un cuarto subsistema, denominado administración, que involucra el manejo del talento humano, sistemas de información, contabilidad y otras áreas relacionadas (figura 4).

Figura 4. La empresa vista de manera sistémica

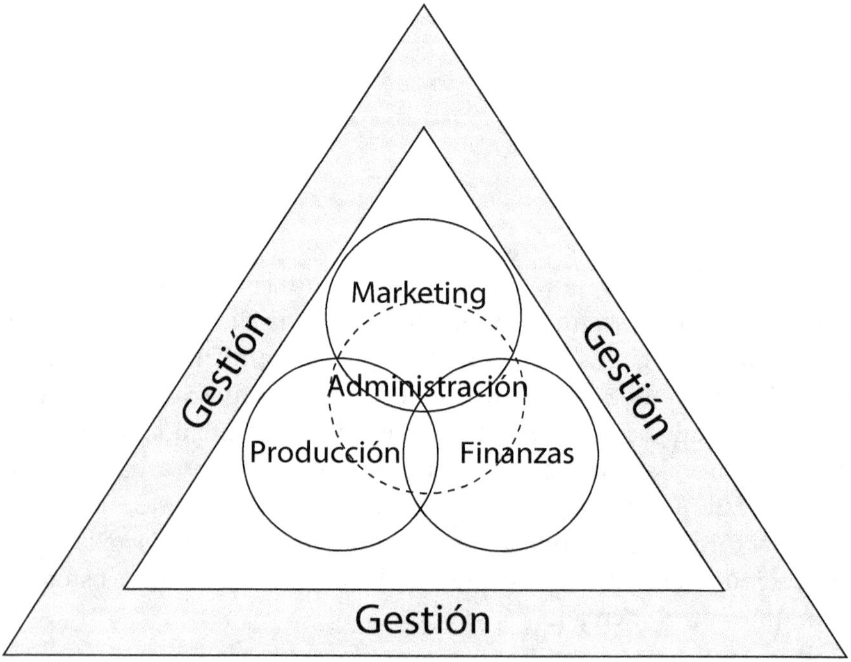

Fuente: el autor

El subsistema de marketing es el encargado de generar los ingresos operativos para la compañía e involucra a su vez varios componentes agrupados en lo que se ha denominado el modelo CASAR. Se ha bautizado así al modelo tratando de hacer un contraste entre lo que significa cazar con z, y casar con s, en donde la palabra con z implica perseguir la presa y acabar con ella para poder sacar provecho de ella, visión propia del marketing del pasado. Por su lado, la palabra con s hace referencia a la unión que se da en el matrimonio y se proyecta en el largo plazo y persigue una relación de beneficio mutuo, concepción del marketing contemporáneo.

CASAR es un acrónimo que toma las iniciales de algunos de los módulos que lo componen: módulo de captura o consecución de clientes[14], módulo de mantenimiento o fidelización, módulo de recuperación de clientes, módulo de crecimiento de clientes, módulo de referenciación de prospectos y módulo de devolución a la sociedad. A continuación se explica cada uno de estos.

Figura 5. Modelo Integral de Gestión de Marketing CASAR

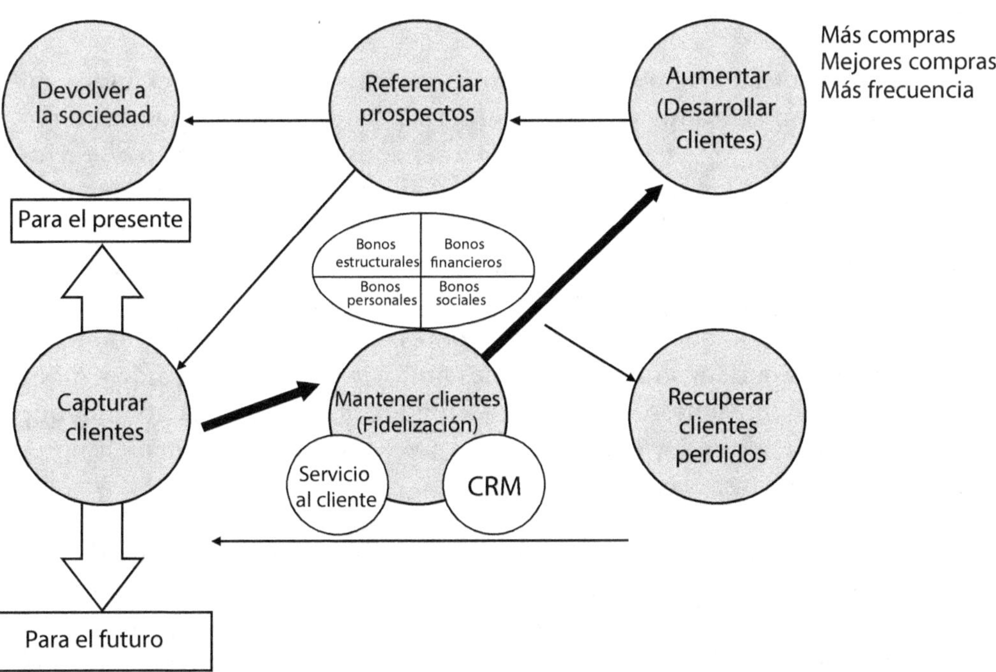

Fuente: el autor

____

14 Este modelo aplica tanto para clientes, es decir, quienes compran a la compañía de manera directa, como para consumidores.

5.1.   Sistema de captura o consecución de clientes

Toda empresa tiene un sistema para capturar o conseguir clientes. Su primera herramienta son los productos mismos. Cuenta también con la posibilidad de vendedores, puntos de venta propios y sitios web en donde se pueden hacer transacciones, en lo que se conoce como el *e-commerce*. Finalmente, dentro del subsistema de *captura* de clientes, se encuentra toda la comunicación publicitaria y de marketing en general (comunicación ATL, comunicación TTL y comunicación BTL)[15].

La consecución de clientes debe mirarse desde dos perspectivas. Como es natural, toda empresa debe diseñar programas para conseguir clientes para el ahora, es decir, que generen transacciones que permitan mantener el negocio en el momento presente, pero también se debe pensar en conseguir clientes para el futuro, lo que ha sido bautizado por alguna consultora como consumidores en entrenamiento (Kasriel-Alexander, 2017).

Conseguir clientes para hoy es muy claro; conseguir clientes para el futuro, no tanto. Esto significa realmente que una empresa debe hacer una apuesta a largo plazo impactando hoy a clientes que van a ser consumidores dentro de varios años. Por ejemplo, las compañías que venden productos para universitarios deben preocuparse por llegar a los estudiantes de colegio, para que cuando estos lleguen a la universidad estén familiarizados con la marca y cuando la necesiten ya tengan una preferencia específica por aquella que los acompañó desde años atrás, sin que fueran consumidores aún de este tipo de productos. Hay compañías que construyen relaciones muy a largo plazo, llegando a niños que solo serán consumidores cuando sean adultos. Esta es una apuesta que se puede ganar o perder, pero dentro de una perspectiva de marketing es necesario hacerla, así sea muy a largo plazo.

Incluso, con las debidas reservas éticas, es posible hablar de un marketing intrauterino, tal como sucedió en un centro comercial de Estados Unidos que roció talco para bebés Johnson & Johnson en diferentes sitios para estimular las ventas entre las clientes embarazadas, lo cual sucedió. Sin embargo, para sorpresa de los ejecutivos del centro comercial, encontraron que los niños ya

---

15 Los medios masivos como televisión, radio, prensa y revistas son considerados ATL *(Above the Line)*, mientras que los medios BTL *(Bellow the Line)* están conformados por las relaciones públicas, la promoción de ventas, el marketing de guerrilla, el merchandising, los medios exteriores y las activaciones de marca principalmente. Por su lado la comunicación digital, recibe el nombre de TTL *(Through the line)*

nacidos, un año después, al entrar al centro comercial se calmaban de manera inmediata, por lo que se concluyó que el niño asociaba el olor a talco con el estado de bienestar que gozaba en el vientre de la madre. Por otro lado, Gillette estableció que cuando un niño intenta afeitarse jugando con una máquina, existe una probabilidad del 92% de que use la marca de dicha máquina cuando sea adulto (Lindstrom, 2011).

En Colombia y Perú existe una apuesta de marketing de futuro: se trata de Divercity, una ciudadela dentro de un centro comercial en donde niños entre tres y trece años tienen la oportunidad de interactuar con por lo menos 30 marcas entre las que se encuentran bancos, tarjetas de crédito, automóviles, medios de comunicación, entre otras. KidZania, con 40 puntos alrededor del mundo, al igual que Divercity, "permite a los niños de cuatro a doce hacer lo que les es natural: actuar imitando actividades tradicionalmente adultas", es significativo. Como en el mundo real, los niños realizan "trabajos" y reciben un pago por ellos con moneda que puede ser usada para hacer compras o para entretenimiento (Kasriel-Alexander, 2017, p. 10).

La DIAN (Dirección de Impuestos y Aduanas Nacionales de Colombia) ha diseñado un programa en colegios dirigido a los niños con el objetivo de crear una cultura alrededor de la contribución para que a estos, cuando sean adultos, les resulte natural pagar impuestos.

5.2. Sistema de mantenimiento o fidelización de clientes

Cuando una empresa ha logrado generar una cartera importante de clientes debe preocuparse por conservarlos. Esto se explica por una lógica que parece contundente: hay autores que afirman que mantener un cliente vale una quinta parte de lo que vale conseguir uno nuevo. Por tanto, resulta claro que toda empresa debe, además de esmerarse por conseguir clientes, hacer un esfuerzo muy concreto por no perderlos; debe fidelizarlos. Para ello las organizaciones cuentan con varios elementos como el servicio al cliente, la administración de relaciones con los clientes o CRM *(Customer Relationship Management)* y los programas de fidelización. El servicio al cliente se preocupa por ofrecer las condiciones necesarias para que un cliente reciba lo que necesita en el momento en el que lo necesita y de la manera en la que lo necesita; el CRM, normalmente apoyado por sistemas de cómputo robustos, a través de la captura y el análisis de la información *(big data)*, se encarga de mantener relaciones personalizadas y desarrollar soluciones personalizadas para los clientes según perfiles determinados por su sistema de CRM.

Por su lado, los programas de fidelización están integrados por lo menos por cuatro elementos, definidos como bonos[16] (Zeithaml & Bitner, 2002): los financieros, los sociales, los personales y los estructurales (tabla 4).

Tabla 4. Bonos para retención de clientes

Tipos de bonos	Componentes
Financieros	• Descuentos por volumen y frecuencia • Descuentos por venta cruzada • Precios estables
Sociales	• Relaciones continuas • Relaciones personales • Relaciones entre clientes (comunidades de marca)
Personales	• Acompañamiento del cliente en el diseño del producto • Diseños personalizados o masificación personalizada • Innovación y anticipación
Estructurales	• Sistemas compartidos con el cliente • Equipos compartidos con el cliente • Inversiones conjuntas con el cliente

Fuente: Zeithaml y Bitner (2002)

5.3.   Sistema de recuperación de clientes

Toda compañía pierde clientes; unas en mayor o menor proporción que otras, lo que se considera hasta cierto punto "natural" porque hay una dinámica de mercado que lleva a que una porción de clientes migre de una empresa a otra por diversas razones. A pesar de que existe una dinámica calificada como natural, hay casos de empresas en donde la pérdida de clientes supera cualquier proporción razonable, pero ¿qué es razonable? Cada empresa deberá, mediante un indicador, sentar su posición frente a lo que califica como aceptable. Hay empresas que no tienen ni siquiera un seguimiento de los clientes perdidos

---

16   La autora habla de manera expresa de bonos, término que no debe confundirse con *bonus* (extranjerismo), que describe una técnica promocional que consiste en entregar un extracontenido de producto.

en un determinado periodo de tiempo, lo que muestra serios problema en los procesos de marketing.

Las preguntas que se deben contestar en esta etapa son la cantidad de clientes perdidos, las causas y el valor total que se deja percibir por no contar con estos clientes. De igual manera, se debe fijar un indicador del porcentaje de clientes que se quiere recuperar de aquellos que han dejado de comprar a la compañía. Un plan de recuperación de clientes debe determinar claramente a qué clientes se va a abordar y con qué incentivo se quiere recuperarlos.

El proceso de recuperación de clientes, generalmente, en su primera etapa se hace por vía telefónica, de tal manera que es necesario entrenar a una persona para tal fin y diseñar un formato en donde se recoja la información importante como las causas por las cuales desertó el cliente y los resultados del contacto telefónico. Como complemento al trabajo telefónico se puede recurrir al correo electrónico, a redes sociales y a alguna comunicación escrita que se enviará a los clientes motivándolos a volver con la organización. En el caso de una empresa que venda al mercado institucional o industrial, en donde el volumen de clientes es bajo, la recuperación de clientes se puede dejar en cabeza de los vendedores, acompañados de su jefe de ventas o simplemente en manos de este. Hay casos en los que la presencia de un ejecutivo del área comercial genera mejores resultados que el ejercicio desarrollado por un vendedor; esto hace sentir al cliente importante y demuestra que la compañía es más que el vendedor que lo atiende de manera particular.

Lo anterior se puede complementar con una propuesta comercial muy específica donde se pide al cliente que retome el nivel de pedidos del pasado y, como compensación, se le ofrecen unos incentivos importantes como descuentos y regalos en productos, entre otros.

5.4. Sistema de crecimiento de clientes

Crecer clientes significa que los clientes actuales compren más, con más frecuencia y mejor. Esto implica que se deben tener estrategias para que los clientes aumenten el promedio de consumo (lo cual obliga a tener un indicador de la tasa de consumo por periodo de tiempo). También se puede buscar que compren otros productos del portafolio, lo que se conoce como una estrategia de venta cruzada o *cross selling*. Asimismo, se deben tener estrategias para que los clientes aumenten la frecuencia de compra y consumo, es decir, si un cliente compra cada treinta días, se debe buscar que compre cada veinte días. Finalmente, se deben tener estrategias para que los clientes actuales compren mejor, esto es, que compren las versiones o referencias más caras o que renueven permanentemente sus productos por las últimas versiones. A esta estrategia se le conoce como *up selling* (Kotler, 2004).

5.5.   Sistema de referenciación de clientes

Las compañías, según muestra el modelo, deben tener una estrategia para que los clientes actuales referencien o ayuden a conseguir nuevos clientes mediante el ofrecimiento de unos bonos funcionales y no funcionales (Nunes & Dreze, 2006), estos últimos llamados también morales; los primeros se refieren a premios en efectivo o en producto, rifas, regalos, etc. Los beneficios morales hacen referencia a reconocimientos que tiendan a elevar el ego del cliente, como ser parte de un grupo selecto de clientes en un club, participar en el diseño de ciertas estrategias de marketing, conocer a la compañía por dentro, entre otras posibilidades.

La referenciación de clientes se asocia a lo que en internet se conoce como marketing viral[17] (Galván, 2004), mediante el cual un cliente envía un mensaje a una base extensa de contactos que tiene en su base de datos. Este término, que nació en internet, se ha transferido a todo tipo de marketing que busca que un cliente "contagiado" con una marca contagie a otros clientes de manera que se vuelva un embajador de la marca[18].

Un programa de referenciación requiere que primero se identifiquen aquellos clientes que están contentos con la compañía. Estos son potenciales evangelizadores. Luego se debe crear un programa para dirigirse a ellos de tal manera que se interesen por promover la marca entre sus personas conocidas. Un ejemplo de esto es el de algunas universidades que entregan premios en efectivo a los estudiantes que presenten un referido que se matricule efectivamente en la universidad[19].

---

17   Al marketing viral se le conoce también como marketing de contagio, *Buzz Marketing*, *Word-Of Mouth Marketing* (Galván, 2004, pág. 47), o marketing de boca a boca.

18   Un embajador de la marca es aquel que está tan contento con la marca que la vende sin que la empresa se lo pida. A estos clientes también se les conoce como evangelizadores o apóstoles de la marca.

19   Estudios realizados han mostrado que alrededor de un 70% de las personas que ingresan a una universidad lo hacen por recomendación o referencia de un tercero.

5.6. Sistema de devolución a la sociedad

Toda empresa, por pequeña que sea, está en la capacidad de retornar a la sociedad parte del éxito obtenido gracias al permiso que esta le ha dado para funcionar como empresa. Si bien es cierto que la mejor manera de devolverle a la sociedad lo recibido de ella es la generación de empleo y el pago de impuestos, en adición a esto se cuenta con la responsabilidad social empresarial u organizacional, la que plantea que una empresa debe devolver más allá de lo que es estrictamente legal y esperado de ella.

En este orden de ideas, es recomendable que todo empresario tenga un programa de responsabilidad social empresarial (RSE)[20] con el que pueda contribuir a mejorar el nivel de vida, en especial el de la comunidad donde actúa, embelleciendo parques, apoyando escuelas, generando oportunidades de creación de empresas productivas que sirvan de proveedores, etc. Estas actividades, a la vez que contribuyen a la sociedad, pueden ser descontadas de los impuestos y se pueden utilizar como elementos de construcción de marca frente a los medios, los consumidores y la sociedad en general, cosa que es totalmente legítima. Dentro del concepto de RSE también se pueden desarrollar actividades relacionadas con los procesos y los productos para que estos sean más eficientes y consuman menos recursos naturales, y no generen detrimento del medio ambiente.

El modelo de gestión propuesto en este capítulo, puede servir a varios propósitos: por un lado, se puede tomar como guía para diseñar la estrategia de marketing de una empresa y, por otro lado, puede servir de guía para desarrollar un proceso de auditoría de marketing dentro de una consultoría, en donde se hace un diagnóstico para identificar los elementos del modelo que no se están trabajando o se están trabajando de manera deficiente para luego diseñar una estrategia en donde se solucionen estas falencias.

---

20 Se habla también de responsabilidad social organizacional (RSO), bajo el entendido de que, una organización es aquella cuyo objetivo no es el lucro sino el aporte al mejoramiento y servicio a la sociedad, tal como la Iglesia, el ejército, el Estado, las organizaciones de derechos humanos, organizaciones de socorro, etc.

CAPÍTULO 6

LA PLANIFICACIÓN ESTRATÉGICA DE MARKETING

Son los fundamentos lo que los estrategas corporativos pasan por alto muy frecuentemente.

Andrall Pearson

6.1. El contexto de la planificación de marketing

La planificación, en general, por un lado, se entiende como la manera en la que se ajustan los recursos de una organización a los objetivos. También se define como un proceso mediante el cual se determina dónde está una compañía, a dónde quiere llegar y qué debe hacer para llegar allí, es decir, la estrategia que debe desarrollar para pasar de una situación dada a una situación que sea atractiva para la empresa, pero que sea posible de lograr, es decir, una situación de futuro deseada y posible, como se anotaba anteriormente (Saavedra, Castro, Restrepo & Rojas, 1999).

Por otro lado, lo estratégico hace referencia a tres elementos principalmente: se considera planificación estratégica aquella que compromete los recursos importantes, también aquella que tiene efecto en el largo plazo de la organización y aquella que conecta a la organización con su entorno.

Figura 6. Entorno de marketing

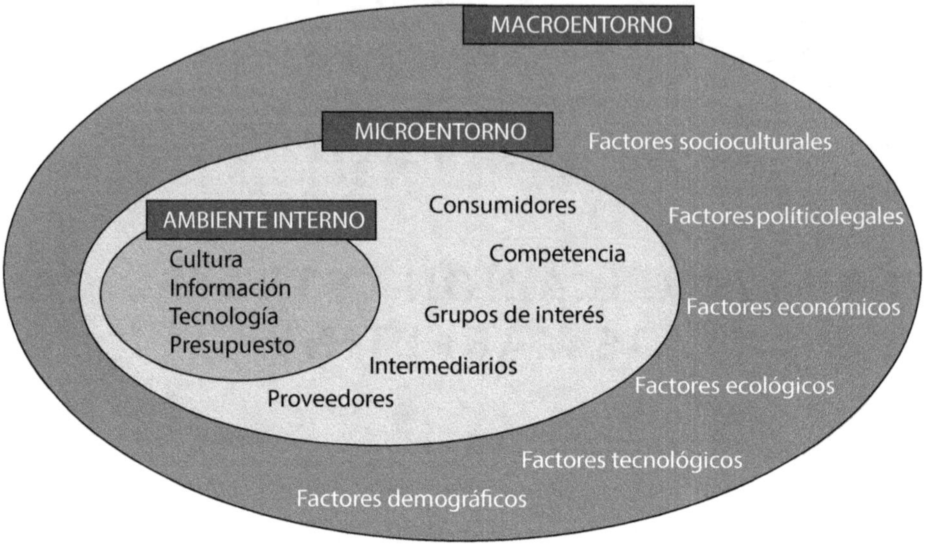

Fuente: el autor

La planificación de marketing se puede dar en dos dimensiones: la estratégica y la operativa (Lambin, Galluci & Sicurello, 2008), entendida la primera como aquella en la que predomina el análisis orientado a la toma de decisiones a largo plazo relacionadas especialmente con los negocios o productos que atenderá una compañía, con los segmentos que se atenderán con esos productos y con el posicionamiento que tendrán esos productos. Por su parte, la planificación operativa o táctica de marketing se relaciona con el *mix* de marketing y cada uno de los módulos presentados en el modelo CASAR, como se explicaba anteriormente, y que se proyectan para un periodo corto, generalmente de un año, coincidiendo con los calendarios contables del país donde se hace la planificación.

La planificación de marketing debe considerar tres grandes elementos, como muestra la figura 6: el ambiente interno, el microentorno y el macroentorno. El ambiente interno presenta los primeros desafíos a la gerencia de marketing cuando de diseñar la estrategia se trata. En contra de lo que creen algunas personas, es la cultura y no la falta de recursos lo que más limita su gestión. En muchas empresas no se asignan presupuestos adecuados para marketing, no porque no se disponga de ellos, sino que no hay una cultura orientada al mercado y que crea en el impacto del área de marketing. En el capítulo 4 se hablaba de la obligación del encargado del marketing de construir una cultura orientada al mercado en donde el centro de toda decisión sea el consumidor, la competencia y el entorno de marketing. Otro elemento que condiciona la gestión de marketing es la falta de información: hay empresas que no tienen sistemas adecuados que suministren la información que se requiere para un proceso de planificación.

Los otros dos elementos que condicionan la estrategia de marketing a nivel interno son la disponibilidad de recursos financieros y el nivel de tecnología de la empresa, que no permite entre otras cosas del desarrollo de productos de calidad a precios competitivos. El análisis del ambiente interno se realizará mediante el análisis de la cadena de valor, entendida esta como la suma armónica de funciones que se llevan a cabo para diseñar, fabricar, entregar y servir productos y servicios.

En el microentorno se encuentran elementos relevantes como proveedores, canales y grupos de interés *(stakeholders)*. En cuanto a los dos primeros, lo que en esencia se debe saber es la cantidad disponible, su cercanía o lejanía de la empresa y su poder de negociación. Los grupos de interés son grupos de personas u organizaciones que tienen como principal herramienta la opinión pública. Hay grupos de interés internos y externos: los internos son los empleados, los sindicatos y los accionistas; los externos son los medios de comunicación, el sector financiero, el Gobierno local y nacional, la comunidad en general y las asociaciones de personas consumidoras. Una empresa debe tener muy claro qué públicos son importantes en su desarrollo, y generar programas para estar en contacto permanentemente con ellos para moldear su opinión frente a los productos o a la compañía misma.

Por su parte, el macroentorno está compuesto por seis variables: las fuerzas político-legales, las fuerzas socioeconómicas, las fuerzas demográficas, las fuerzas, tecnológicas, las fuerzas económicas y las fuerzas naturales o ecológicas. Estas fuerzas incontrolables son determinantes para la planificación de una organización, en especial en lo que se refiere al marketing. Una mala lectura de las fuerzas macro puede llevar a una empresa a realizar inversiones en épocas en las que la economía no es favorable para ello o a tomar decisiones en general que no convengan en un momento determinado. En el macroentorno se ven con claridad algunas tendencias que se pueden calificar como gruesas, es decir, que son evidentes para cualquier persona. Lo importante de este análisis, que se conoce también como PESTEL[21], es poder encontrar tendencias que no son muy claras para la mayoría de empresas, para lo cual se debe tener

---

21 Acrónimo que incluye a los factores políticos, económicos, sociales, tecnológicos, ecológicos y legales.

una disciplina que permita de manera permanente conocer la actualidad nacional y mundial a través de la consulta de medios de comunicación, la participación en eventos académicos y sectoriales y, en lo posible, mediante la implementación de un sistema que permita capturar de manera metódica información de los entornos micro y macro.

6.2. El proceso de planificación estratégica de marketing

La planeación estratégica de marketing, tal como se muestra en la figura 7, se inicia con el análisis de situación, evaluando dónde está la empresa hoy en día; luego se define a dónde se quiere llegar, es decir, se determinan los objetivos, y finalmente se define cómo se van a alcanzar estos. Cada una de estas etapas se subdivide en otras más particulares y con un nivel de detalle más amplio, tal como veremos a continuación.

El análisis de situación tiene dos componentes: el análisis interno y el análisis externo. En el análisis interno se deben revisar siete elementos: ventas, cartera, indicadores de marketing, el análisis comparativo de los factores de marketing, el análisis de rentabilidad por producto o línea, el análisis de cadena de valor y el análisis de portafolio. Más adelante se tratará cada uno de ellos de manera detallada.

El análisis interno suministra una relación de las principales debilidades y fortalezas de una empresa en términos de marketing, que luego serán adicionadas a las oportunidades y amenazas provenientes del análisis externo para construir la conocida matriz DAFO. De esta se escogen los elementos más importantes y se separan en lo que se conoce como factores clave de éxito, es decir, aquellas variables que por su importancia deben ser consideradas para el plan de marketing que se está escribiendo. Se debe aclarar, como se anotaba al inicio del libro, que algunos empresarios realizan directamente la matriz DAFO sin hacer un escrutinio detallado de todas las variables que alimentan esta matriz. Esto sucede porque, a decir de los empresarios, ellos conocen de manera profunda su empresa y por tanto les es muy fácil realizar un DAFO sin mayores análisis. Sin embargo, este es precisamente uno de los peores errores en que puede incurrir la gerencia de marketing: cuando una persona se casa con ideas preconcebidas se sesga de tal manera que deja de ver elementos que pueden ser clave en el proceso de planificación de una empresa en particular.

El análisis externo incluye una revisión de la competencia (aunque este tema ya ha sido en parte abordado en el análisis comparativo de factores de marketing). Se revisan también el consumidor (potencial y real), la industria (también conocida como negocio, sector o categoría), el microentorno (canales, proveedores y públicos)[22] y el macroentorno (fuerzas político-legales, fuerzas demográficas, fuerzas socioculturales, fuerzas ecológicas, fuerzas económicas y fuerzas tecnológicas) (Ferrell & Hartline, 2015).

El análisis externo, como ya se dijo, provee un inventario de oportunidades y amenazas. Al respecto, cabe anotar cuántas oportunidades y amenazas son comunes a todos los jugadores de un mercado, es decir, afectan o favorecen de igual manera a todas las empresas que compiten en una industria, en tanto que las fortalezas y debilidades corresponden a cada actor de manera particular dentro de un mercado. Construida la matriz DAFO con esta información, se procede a seleccionar los elementos más importantes en un resumen que se conoce como factores clave de éxito, es decir, aquello en que deberá enfocarse el plan para sacar el mayor provecho posible.

Después de seleccionar los factores clave de éxito se fijan los objetivos, los cuales corresponden a los ya definidos indicadores de marketing. En esta parte se incluye el pronóstico de ventas por línea o por producto, según la complejidad y las características de cada empresa. De igual manera, el pronóstico de ventas se presenta mes a mes en el denominado plan de ventas, para poder hacer el seguimiento correspondiente. Luego se definen las estrategias con las cuales se van a cumplir los objetivos, y después de esto se definen las tácticas, esto es, la manera particular como se va a implementar una estrategia. Una estrategia puede ser alimentada por varias tácticas a la vez, luego cada táctica se convierte en un programa: este es el detalle de cada táctica. Una vez definidos los programas particulares, se elabora un cronograma general, un presupuesto general y se definen los controles del plan. Finalmente, el plan se remata con una herramienta definida como la cuenta de explotación o estado de resultados, donde se relacionan los ingresos con los egresos operativos, para tener como resultado final el análisis de rentabilidad esperado por cada línea o cada producto según se quiera o según corresponda al tamaño y las características de cada organización.

---

22 Los públicos o *stakeholders* son grupos de personas y organizaciones que desarrollan una opinión positiva o negativa de los productos o las empresas. Entre ellos se pueden mencionar los medios de comunicación, las ligas de consumidores, los sindicatos, los empleados, los accionistas, las instituciones financieras, las instituciones del Gobierno, etc.

Figura 7. Modelo general de plan de marketing

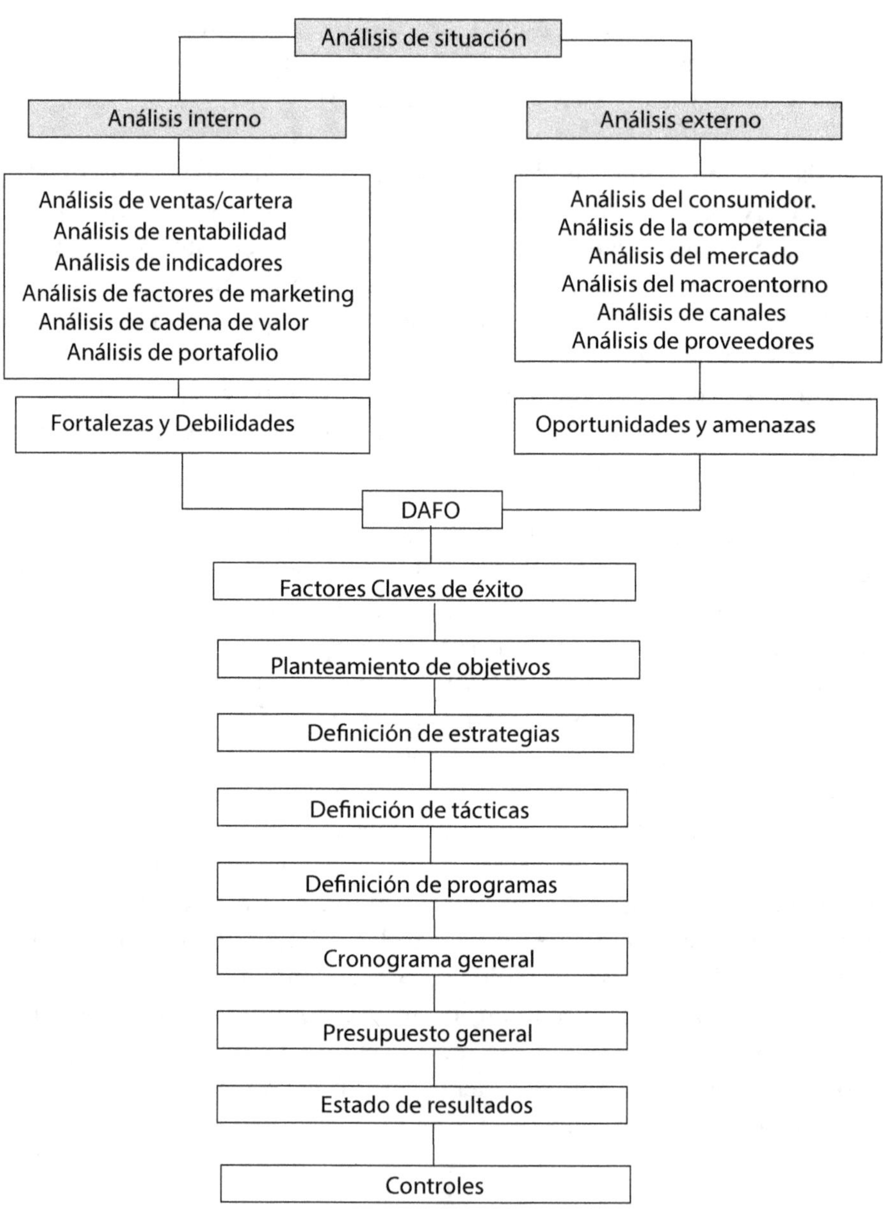

Fuente: el autor

ELEMENTOS DEL PLAN DE MARKETING

En el capítulo anterior se presentaba el proceso para la elaboración del plan de marketing. A continuación se describe cada uno de los pasos que se deben seguir con el debido análisis y profundidad que se requiere.

7.1. Análisis de situación

7.1.1. ANÁLISIS INTERNO

El análisis interno es el primer paso dentro de la planificación de marketing. Mediante este proceso se evidenciarán las fortalezas y debilidades de la compañía en términos de marketing. A continuación, se estudia con detalle cada uno de los componentes de este tipo de análisis.

Análisis de indicadores (métricas de marketing)

Evidentemente, lo que no se puede medir no se puede mejorar. Esta frase introduce uno de los elementos más importantes de la gestión de marketing:

los indicadores o métricas de marketing, como también se les conoce[23]. Los indicadores de gestión, a pesar de ser tan importantes, en las empresas pequeñas y en muchas medianas son prácticamente inexistentes; si se le pregunta al gerente de una de estas empresas por los indicadores que maneja, la respuesta generalmente es que solo se manejan el de ventas y el de cartera, y de allí no pasan.

Un indicador es una cifra que se compara con un parámetro preestablecido para determinar si algún elemento de la gestión está marchando bien o, por el contrario, marchando mal; esto se da en la medida en que el indicador se acerca o se aleja del parámetro. Para esto, existen indicadores generales que toda empresa debe tener, así como también unos particulares para cada negocio. Liberman (2015, p. 29) afirma que "las métricas son un medio para contar historias que proporcionan información de alto valor para señalar la dirección correcta que debe seguir la estrategia de marketing". La visión que presenta el autor es poco convencional, pero aporta elementos importantes para entender el alcance de los indicadores de gestión. En efecto, el objetivo de los indicadores es informar acerca de situaciones importantes de la gestión de marketing y señala si la ejecución de la estrategia se comporta o no de acuerdo a lo planeado. En el capítulo 10 se profundizará este tema.

Indicadores generales

Se deben revisar, entre otros, los relativos a participación en el mercado, recordación de marca, nivel de satisfacción de los clientes, nivel de deserción de clientes y de vendedores, cobertura de mercados, retención de clientes, incorporación de nuevos clientes, recuperación de clientes que se han ido, etc. Esta revisión se debe hacer comparando la meta con el ejecutado para determinar el nivel de cumplimiento de cada indicador. Hay otros indicadores que se trabajan para medir la capacidad de la empresa, para construir futuro en términos de nuevos productos; estos indicadores son los relativos a ventas alcanzadas con nuevos productos y nuevos productos lanzados al mercado.

Indicadores particulares

Como se dijo anteriormente cada negocio tiene sus propias características y, por tanto, merece tener además de los indicadores generales unos particulares: en el ejemplo ya mencionado de las tarjetas de crédito: un indicador particu-

---

23 También se conocen como KPI o *Key Performance Indicator*.

lar para este caso podría ser el número de plásticos colocados; otro, el total de plásticos activados sobre el total de plásticos colocados, y otro que se deriva de los anteriores puede ser el valor promedio por operación en determinado segmento. Esta cifra podría servir para generar un objetivo tendiente a aumentar el valor promedio por compra y generar una estrategia para cumplir con dicho objetivo.

En esta etapa, es decir, la de análisis de indicadores, lo primero que debe hacerse es determinar cuáles indicadores de marketing se están manejando actualmente en la compañía, luego evaluar si el valor mostrado por esos indicadores es el esperado o se hace necesario mejorarlos para el siguiente ejercicio. En este último caso, se deben definir los valores de los indicadores que se quieren lograr para el periodo sobre el cual se está haciendo la planificación (anexo 2). El segundo ejercicio que se debe realizar en esta etapa es determinar cuáles son los nuevos indicadores que se van a manejar para el siguiente periodo y sus valores esperados, y la fuente de donde se va a obtener la información para elaborarlos.

El análisis de ventas

En este análisis se deben tomar todas las marcas de la compañía y comparar el ejecutado frente al presupuesto y determinar la diferencia para establecer cuál de ellas está cumpliendo la meta y cuál no; luego hay que empezar a profundizar en aquellas marcas en donde no se esté cumpliendo y en las cuales se está cumpliendo por encima del presupuesto muy ampliamente. Sobrepasar un presupuesto de ventas muy por encima es tan malo como no cumplir, por cuanto en esta primera situación se pueden presentar varios problemas: o se presupuestó mal o un vendedor está llenando a un cliente con mercancía de manera peligrosa para sobrepasar las metas de ventas y obtener los premios dispuestos para tal caso.

Al revisar una marca que no está cumpliendo con su presupuesto, este se debe descomponer en sus cifras: por ejemplo, para detectar en cuáles zonas geográficas no se está cumpliendo, y dentro de las zonas que no están cumpliendo se debe revisar el cumplimiento de cada vendedor para determinar cuáles no están cumpliendo, y así sucesivamente hasta llegar a un análisis cliente por cliente.

El criterio para establecer si se está cumpliendo un presupuesto de ventas varía de una empresa a otra, pero como criterio general se tiene que aquello que esté por debajo de un cumplimiento del 90% es inaceptable. Algunos gerentes muy exigentes no toleran cumplimientos que estén por debajo del 95% o inclusive del 100%.

El análisis de ventas no debe limitarse a la comparación entre el ejecutado y el presupuesto; es necesario hacer comparaciones de diversos tipos: por ejemplo, la comparación de un periodo frente al mismo periodo del año anterior. Asimismo, se deben hacer comparaciones entre líneas, marcas, zonas y vendedores. Finalmente, y si es posible conseguir la información, debe hacerse la comparación frente a la competencia.

Análisis de rentabilidad

Para una empresa es indispensable saber cuánto gana con cada una de sus marcas, pues con esto puede definir una política frente a estas. No obstante, esto no es tan fácil; en la realidad hay empresarios que no saben cuánto ganan con cada marca o producto individual, lo que quiere decir que hacen el análisis de la rentabilidad de manera global, olvidando que deben realizarlo por cada uno de los productos para determinar cuáles están dando la rentabilidad esperada por la organización y cuáles no, de acuerdo con la política que tenga la empresa en este sentido. De hecho, esto se declara de manera concreta en los objetivos estratégicos de la organización, ya que las empresas organizadas saben con qué rentabilidad mínima debe trabajarse cada negocio o el global de ellos.

El análisis de rentabilidad va a permitir hacer diversas comparaciones. La primera de ellas se hace a nivel interno, es decir, se comparan las rentabilidades de cada producto con la rentabilidad global esperada. En este análisis interno también se compara la rentabilidad de los productos entre sí para establecer diferencias entre ellos. El otro tipo de análisis es el que se hace con respecto a la rentabilidad que se maneja en el sector en el que compite una empresa. Esta comparación es más difícil por cuanto en ocasiones no se tienen fuentes de información serias que den esta información, aunque actualmente existen bases de datos en el mercado que muestran los estados financieros de las principales empresas, lo cual permite conocer los índices de rentabilidad, si no por producto, por lo menos de manera global.

Este análisis es diferente si se trata de una empresa monoproducto o una con un portafolio amplio de productos. Para empresas monoproducto es suficiente trabajar con el estado de resultados (tabla 5). Allí se establecen varios análisis: el primero es el beneficio bruto, el cual se obtiene de la diferencia entre las ventas netas alcanzadas en un periodo y los costos de producción de estos bienes. Esta cuenta incluye costos directos e indirectos de producción.

Tabla 5. Estado de resultados

Ventas brutas	$ 1.000.000
Descuentos	$ -
Devoluciones	$ -
Ventas netas	$ 1.000.000
Menos costos del producto vendido	$ 350.000
Beneficio bruto	$ 650.000
Beneficio bruto en %	65%
Menos gastos de marketing	$ 125.000
Menos comisiones por ventas	$ 75.000
Menos gastos administrativos	$ 150.000
Beneficio operacional	$ 300.000
Beneficio operacional en %	30%

Fuente: adaptado de Guiltinan y Madden (1998)

A través del margen de beneficio bruto se mide la habilidad de la empresa para ganar dinero mediante una adecuada política de precios, la cual determina el volumen de las ventas y la habilidad de esta en la transformación de productos. Esto quiere decir que si la empresa no está conforme con el beneficio bruto reportado por el análisis, tiene tres caminos: aumentar los precios de venta, incrementar las unidades vendidas o disminuir los costos de producción.

A su vez, al beneficio bruto se le descuentan los gastos operacionales, entre los que se incluyen los de marketing y ventas (publicidad, salarios, comisiones, actividades promocionales, etc.). También se descuentan los gastos generales, en los que se incluyen, entre otros, la nómina, los arrendamientos y demás gastos administrativos que sirvan para el funcionamiento de la organización, con lo cual se obtiene lo que se conoce como el beneficio operacional antes de impuestos. El área de marketing se debe ocupar en administrar la cuenta de gastos de marketing para conseguir la mayor ganancia posible.

En la tabla 5 se muestra que la empresa obtiene un 65% de ganancias proveniente de su proceso de transformación y venta de productos, lo que le da el margen para cubrir los gastos, arrojando un beneficio operacional del 30%. El beneficio operacional, por su parte, mide la capacidad que tiene la empresa para generar riqueza mediante el control del gasto. Esto quiere decir que, si una empresa no está conforme con el beneficio operacional, tiene la opción de mejorarla mediante la disminución de los gastos de ventas o administrativos, o ambos a la vez. El estado de resultados es una herramienta que sirve para hacer simulaciones con diferentes niveles de precios, de costos y de gastos para encontrar el punto ideal que la compañía quiere alcanzar en términos de sus beneficios, brutos y netos, respectivamente.

Otra manera de realizar el análisis es calculando el margen de contribución variable tal como se muestra en la tabla 6, para lo cual es necesario restar todos los costos variables relacionados con la producción y la comercialización de un producto (Guiltinan & Madden, 1998).

Tabla 6. Estado de resultados con margen de contribución variable

Ventas brutas	$ 1.000.000
Descuentos	$ -
Devoluciones	$ -
Ventas netas	$ 1.000.000
Menos costos variables de producto vendido	$ 245.000
Menos costos variables de ventas (comisiones)	$ 75.000
Margen de constribución variable	$ 680.000
Margen de constribución variable en %	68%
Menos gastos de marketing	$ 125.000
Menos costos fijos de producción	$ 105.000
Menos gastos Administrativos	$ 150.000
Beneficio operacional neta	$ 300.000
Beneficio operacional neta en %	30%

Comparando los dos análisis de rentabilidad presentados, se puede ver que la diferencia se da en el cálculo de la rentabilidad bruta y el margen bruto de contribución, puesto que el beneficio operacional sigue siendo el mismo. Si bien es común que se maneje el análisis de beneficio bruto, el análisis de margen de contribución da una mejor aproximación al comportamiento de los productos independientemente de las organizaciones que los soportan.

Para las empresas multiproducto no es recomendable calcular los márgenes de beneficio bruto u operacional, sino calcular el margen de contribución variable. Este cálculo se realiza como se ilustra en la tabla 7, en donde se presenta un ejemplo de una empresa con tres productos. En este análisis de contribución variable para una empresa multiproducto se pueden hacer varios análisis. Por ejemplo, la contribución total para el producto B es la más baja de las tres, a pesar de que es el producto que más vende; esto sucede porque los costos fijos directos asignables son proporcionalmente mayores a los de los otros dos productos, lo que lleva a pensar en la necesidad de hacer ajustes en cada uno de los elementos que componen la cuenta para aumentar la contribución total.

Se puede concluir también que la gerencia debe, manteniendo los costos fijos, perseguir el aumento de las ventas del producto A, ya que es el que le está dando mayor contribución total sobre las ventas.

Tabla 7. Estado de resultados para una empresa multiproducto

	Total compañía	Producto A	Producto B	Producto C
Ventas	3837	725	2075	1037
Costos variables de los bienes vendidos	1189	301	602	286
Margen de beneficio bruto	**2648**	**424**	**1473**	**751**
Margen de beneficio bruto en porcentaje	69,0%	58,5%	71,0%	72,4%
Otros costos variables	165	30	90	45
Margen de contribución variable	2483	394	1383	706
Margen de contribución variable en porcentaje	64,7%	54,3%	66,7%	68,1%
Costos fijos directos asignables				
Salarios de ventas	376	15	271	90
Salario de los diseñadores	301	0	226	75
Costos fijos de producción	504	75	256	173
Publicidad	225	30	150	45

	Total compañía	Producto A	Producto B	Producto C
Total costos fijos directos	1406	120	903	383
Contribución total	**1077**	**274**	**480**	**323**
Contribución total en %	28,1%	37,8%	23,1%	31,1%
Costos fijos indirectos no asignables				
Publicidad corporativa	226			
Gastos generales y administrativos	451			
Total	677			
Beneficio operacional neto	400			

Fuente: adaptado de Guiltinan y Madden (1998)

Este análisis de carácter horizontal se debe complementar con un análisis histórico de cada una de las actividades, especialmente el margen de contribución y la contribución total por producto, para determinar cómo se ha comportado en el tiempo y analizar si estas cuentas crecen, que es lo ideal, si se mantienen constantes o, en el peor de los casos, si presentan tendencias a la baja, para tomar los correctivos necesarios. Dentro de estos correctivos se encuentra la revisión de la política de precios, de salarios, de comisiones, de publicidad y de las cuentas que, según el análisis, están atentando contra la rentabilidad esperada por la empresa. Incluso, se puede llegar al punto de eliminar aquellos productos que no estén dando la rentabilidad mínima.

Análisis comparativo de factores de marketing

El análisis comparativo de factores de marketing se realiza mediante una matriz, en la cual se compara de manera minuciosa cada elemento del marketing *mix* de la marca frente a las dos o tres marcas más importantes de la competencia. Este análisis debe ser minucioso para no dejar escapar un solo elemento del *mix* y, a pesar de que en principio no parezca relevante, puede mostrar debilidades o fortalezas importantes.

A manera de ejemplo se puede revisar la variable producto, la cual se puede descomponer en producto esencial, producto real y producto ampliado (Kotler & Armstrong, 2016). A su vez, el producto real se divide en características, *packaging,* marca, calidad, apariencia, etc. Para hacer el análisis de factores de marketing se puede tomar la subvariable *packaging* y con ella analizar, entre otras cosas, el diseño, el tamaño, el peso, la facilidad de apertura, la facili dad de cierre, etc., y así sucesivamente para cada variable y subvariable. Al final de la matriz existe una casilla correspondiente a debilidad o fortaleza, la cual se marca según corresponda. Por ejemplo, en el análisis se encuentra que la empresa tiene más vendedores que los competidores incluidos en el análisis, lo cual se marca como una fortaleza; al contrario, si la empresa cuenta con menos vendedores que la competencia incluida en el análisis, esto se marcará como una debilidad. En uno u otro caso, estos elementos serán llevados a la matriz DAFO. Para realizar el análisis de factores de marketing es necesario evaluar todos los elementos de la mezcla de marketing de una marca, es decir, se deben comparar el producto, el precio, la comunicación y la distribución (anexo 3).

Análisis de cadena de valor

La cadena de valor es la forma en que las empresas articulan de manera armónica sus diferentes funciones para diseñar, fabricar, comercializar y prestarles servicio a los productos vendidos por una empresa determinada (Porter, 1987). En ella se distinguen dos tipos de funciones, tal como se presenta en la tabla 8: las primarias, es decir, las funciones relacionadas con el producto de manera directa, como logística de entrada, producción, logística de salida, marketing y ventas, y servicio o apoyo al producto y al consumidor. Hay otro grupo de funciones, las cuales tienen como objetivo crear las condiciones necesarias para que la empresa pueda funcionar para cumplir sus objetivos; estas funciones se denominan las de apoyo e incluyen infraestructura, tecnología, recursos humanos y abastecimiento.

La cadena de valor debe ser analizada para encontrar áreas o procesos específicos que, tal como funcionan, no están contribuyendo a que la función de marketing se desarrolle de la manera adecuada para garantizar el cumplimiento de los objetivos organizacionales. En este análisis es factible encontrar problemas de recursos humanos, capacidad instalada, obsolescencia tecnológica, solo por nombrar unos ejemplos. Es importante tener claro que el análisis de cadena de valor cambia si se trabaja con una empresa manufacturera (anexo 4) o con una de servicios (anexo 5).

Tabla 8. Funciones de la cadena de valor

Elementos de la cadena de valor			
Actividades primarias		Actividades de apoyo	
Logística Interna	**Logística externa**	**Abastecimiento**	**Desarrollo de tecnología**
Recibo	Transporte	Insumos	*Know How* corporativo
Almacenamiento	Almacenamiento	Compra de materias primas	*Know How* por departamentos
Diseminación de insumos	Embarque	Máquinas y equipos	*Know How* personal
Manejo de materiales	Clasificación	Compra de edificios	Investigación y desarrollo
Almacenamiento	Almacenaje	Servicios generales	Diseño de productos
Control de inventarios	**Producción/ operaciones**	Servicios profesionales	**Infraestructura**
Programación de vehículos	Trasnformación de materias primas	**Administración de RRHH**	Planificación
Retorno de proveedores	Prestación de servicios	Búsqueda	Finanzas
Marketing y Ventas	**Servicio**	Selección	Asuntos legales
Publicidad	Instalación	Contratación	Procesos
Promoción	Reparación	Capacitación	
Fuerza de ventas	Mantenimiento	Desarrollo	
Precios	Repuestos	Compensación	
Relaciones con el canal	Crédito		
Investigación de Mercados			

Fuente: Elaborada con base en Porter (1987)

El análisis de portafolio

El análisis de portafolio de productos se puede hacer a través de diversas matrices. Entre otras se pueden citar la matriz BCG (Boston Consulting Group) (figura 8) y la matriz multicriterios (Lambin, Galluci & Sicurello, 2008). La matriz BCG maneja dos variables: la participación relativa en el mercado (se obtiene dividiendo la participación de la empresa analizada con la del más fuerte competidor) y la tasa de crecimiento de la industria de referencia para cada marca analizada. Esta matriz busca determinar cuál es la salud de la empresa tanto presente como futura en términos de productos, y determinar una estrategia para cada uno de ellos.

La matriz se divide en cuatro cuadrantes: en el cuadrante superior izquierdo se encuentran los productos denominados *estrella*, que son líderes de su categoría y tienen un buen desempeño en términos de marketing pero exigen mucha inversión para sostener su desarrollo, pues se encuentran en una categoría que está creciendo. Las *vacas lecheras*, ubicadas en el cuadrante inferior izquierdo, son productos que compiten en una categoría que crece poco o que inclusive está decreciendo; tienen una participación relativa alta en la categoría y generan un flujo de caja importante. Estos pueden ser aprovechados para investigación y desarrollo, actividades de diversificación o incluso para repartir dividendos a los accionistas; también pueden ser utilizados para apoyar productos estrella o dilema, dependiendo de la política de la empresa en este sentido. Los *dilemas* son productos que se ubican en la parte superior derecha, su participación relativa es baja (puede ser un producto nuevo para la compañía) y están ubicados en una categoría con un crecimiento importante, lo cual exige una fuerte inversión para fondear su crecimiento.

Figura 8. Matriz BCG

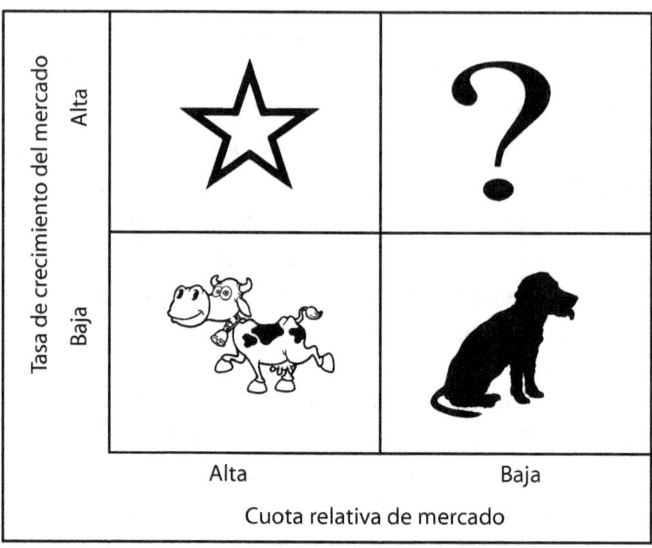

Fuente: Lambin, Galluci y Sicurello (2007)

Los productos ubicados en el cuadrante inferior derecho reciben el nombre de *pesos muertos*, y también se les conoce como *perros* o *huesos*. Estos productos tienen una participación relativa muy baja y compiten en una industria con bajo crecimiento, es decir, tienen nada de nada. Aunque de manera general en los libros de texto se recomienda que estos productos sean eliminados del portafolio, hay opiniones contrarias que sostienen que, si bien hay unos productos perro que verdaderamente deben ser eliminados, existen otros que pueden resultar beneficiosos para las empresas.

Se han identificado dos tipos de producto perro: los callejeros y los de raza (Hermida, 1992). Dentro de los callejeros encontramos el perro común fiel: este es con el que nació la compañía. A pesar de que se ha vuelto obsoleto, hay una conexión emocional entre el dueño de la empresa y este. Derivado de dicha conexión emocional, el empresario presiona a su equipo comercial para que lo venda y le asigna recursos importantes para su promoción. Los vendedores le dedican tiempo para responder las exigencias de sus jefes, pero descuidan la promoción de otros productos que generan mayor rentabilidad. Este producto debe ser eliminado. El perro rabioso es un producto de muy baja calidad que genera devoluciones, asistencia técnica y reclamaciones y, peor aún, daña la imagen de la compañía, por lo que también debe ser eliminado. Por último, el perro callejero común es un producto sin ningún nivel de diferenciación frente a la competencia y que por ello no genera ningún tipo de interés, por lo cual debe ser eliminado.

Ahora bien, dentro de los productos perro de raza se encuentran cuatro: los perros de imagen, que a pesar de no resultar rentables es necesario tener. Por ejemplo, algunas facultades de Economía en algunas universidades, aunque invierten mucho en profesores de tiempo completo con doctorado, no pueden cubrir los gastos con los ingresos por matrícula. No obstante, una universidad no sería bien vista entre la comunidad académica si no tuviera una facultad de Economía ya que allí se encuentra el pensamiento económico relevante que soporta otros programas académicos como el marketing, la administración, los negocios internacionales y otros afines a la economía. Lo mismo sucede con los programas de filosofía y teología en las universidades religiosas: los costos de mantener estas facultades son muy superiores a los ingresos por cuenta de las matrículas, pero ¿cómo sería vista una universidad religiosa sin una facultad de teología?

Los perros guardianes y los perros de pelea sirven para cuidar a las vacas lecheras y se usan en dos ocasiones particularmente: cuando un competidor introduce un nuevo producto, de manera que eviten su consolidación en el mercado, y cuando hay una guerra de precios, tal como se anotó en el capítulo 2. La diferencia entre uno y otro es que el guardián se mantiene de manera regular en el portafolio, mientras que el de pelea se introduce y se saca a conveniencia, por lo cual se le conoce también como producto *in-out*.

El cuarto perro de raza es el de carrera, este producto que nunca se lanza, se usa para distraer a la competencia, simulando que se va a lanzar un nuevo producto al mercado y filtrando información relacionada con ello, para que la competencia haga inversiones y dedique tiempo tratando de neutralizar este nuevo producto. Inclusive podría agregarse un quinto perro de raza, este es el denominado de servicio y se trata de un producto que se necesita tener en el portafolio para cumplir un pedido de un cliente. Por ejemplo, una ferretería debe tener arandelas y puntillas que son de muy bajo precio y ganancia para servir un pedido que incluye productos de mayor margen.

La matriz BCG tiene un problema, y es que para construirla se necesita información sobre la participación de cada marca y la de la competencia, información que solo es accesible para grandes empresas que pueden pagar informes como los que elabora Nielsen para el mercado de consumo masivo, o los que existen para el sector farmacéutico como IMS y Close UP. Las empresas que están reguladas por el Estado, ya sea por un ministerio o una superintendencia, encuentran información pública útil para la construcción de la matriz BCG. Sin embargo, en caso de no contar con información de fuentes secundarias, se puede acudir a la aplicación de encuestas.

Como alternativa a la matriz BCG, se puede trabajar la denominada matriz multicriterios (Guiltinan & Madden, 1998) (figura 9), que es más fácil de elaborar porque no utiliza cifras concretas sino valoraciones subjetivas del personal ejecutivo de la empresa. Esta matriz maneja dos variables: el atractivo del mercado de referencia para cada marca y su nivel de competitividad.

Figura 9. Matriz multicriterios

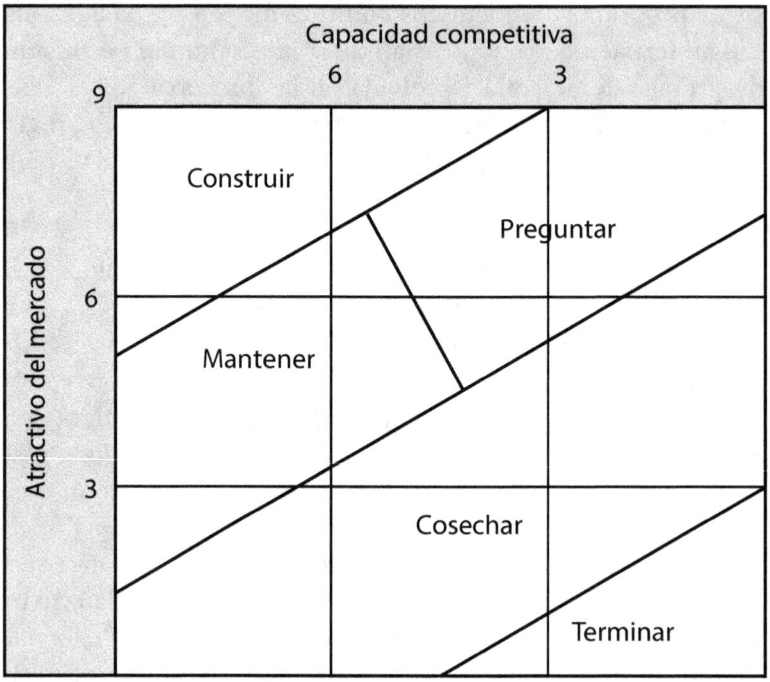

Fuente: Guiltinan y Madden (1998)

El atractivo del mercado se mide con nueve variables que se pueden manejar como preguntas:

1. ¿La tasa de crecimiento es alta?

2. ¿El mercado es grande?

3. ¿Las ventas de la industria son relativamente predecibles?

4. ¿Se presenta una baja tasa de obsolescencia de producto?

5. ¿Existe un bajo nivel de regulación y de imprevisibilidad?

6. ¿Existe una adecuada demanda de la industria con respecto a su capacidad?

7. ¿Existe una baja posibilidad de desabastecimiento de materias primas?

8. ¿La competencia tiene poca fortaleza financiera?

9. ¿Existe un alto potencial de beneficio de la industria?

A su vez, la capacidad competitiva de la empresa para competir en este mercado se mide con nueve variables que se pueden manejar mediante las siguientes preguntas:

1. ¿El producto tiene alta participación en el mercado?

2. ¿Tiene la empresa adecuadas destrezas y competencias administrativas?

3. ¿Las instalaciones de producción son modernas y eficientes?

4. ¿Se tiene tecnología adecuada?

5. ¿La imagen de los productos es fuerte frente a sus clientes?

6. ¿Hay una adecuada estructura de costos (precios competitivos y rentabilidad adecuada)?

7. ¿Hay una adecuada red de distribución?

8. ¿El personal está bien capacitado en marketing, ventas y servicio al cliente?

9. ¿Los proveedores son estables y confiables?

Para ubicar un producto en la matriz, el grupo encargado de hacer el proceso de planificación debe aplicar a cada línea, producto o marca las dieciocho preguntas: nueve para medir el potencial del mercado y nueve para medir la capacidad competitiva. En caso de que la pregunta se conteste positivamente, se asigna un punto; si se contesta de manera negativa, se asignan cero puntos; y si la respuesta es más o menos, se asigna una puntación de 0,5. Calificados los dieciocho factores, se tienen dos coordenadas que sirven para ubicar el producto/marca en el lugar que le corresponde. La matriz sugiere *a priori* algunas estrategias que se deben seguir dependiendo de la posición en la que se ubique el producto:

- Construir: significa que es necesario hacer inversiones al producto para consolidarlo en el mercado.

- Mantener: significa que hay que hacer las inversiones que sean estrictamente necesarias.

- Preguntar: esta posición sugiere que la empresa se pregunte si está en capacidad de impulsar económicamente el producto o, por el contrario, debe dejarlo defenderse por sí mismo sin hacerle inversiones importantes.

- Cosechar: la posición sugiere que a este producto no se le deben hacer inversiones y que más bien la empresa debe preocuparse por sacarle beneficios.

- Retirar: la posición sugiere que este producto sea retirado del mercado sin ningún tipo de consideración adicional. No obstante, cabe hacer el análisis de las implicaciones de retirar un producto o una marca para el portafolio global y para las relaciones que se tienen con los clientes y los consumidores.

El diagnóstico que dan estas matrices es simplemente una herramienta más que permite construir un criterio frente a la cartera de productos. Sus resultados no deben ser tomados al pie de la letra; más bien deben ser enriquecidos con otros análisis que se complementen entre sí.

7.1.2. El análisis externo

Consumidor (análisis de segmentación)

El consumidor es la esencia de toda acción de marketing; por tanto, este análisis es uno de los más importantes. Cuando se habla de consumidor es necesario hablar tanto de los consumidores actuales como de los potenciales, aquellos que podrían llegar a comprarle a una compañía pero que por alguna razón aún no lo hacen.

En cuanto a clientes actuales se debe saber, en primera medida, cuántos se tienen y cómo están segmentados en términos geográficos, demográficos, psicográficos y conductuales. En cuanto al aspecto demográfico, se deben tener datos discriminados por género, edad, nivel de compra, estrato, nivel de escolaridad y demás datos que se consideren pertinentes. Es necesario hacer este análisis comparando cifras de varios periodos, si es posible por lo menos cinco años. Esta comparación permite ver qué tendencia hay en el cambio de la composición de los consumidores de la empresa, saber si sus clientes se están volviendo más viejos o más jóvenes, si está predominando un estrato sobre otro y si esto se está manteniendo en el tiempo. Este análisis permite conocer en qué segmentos se es fuerte y en qué segmentos no. También es necesario conocer patrones de compra y de consumo, saber cuánto se compra, dónde se compra, cuánto se consume y cada cuánto se consume, etc.

En términos psicográficos se deben conocer, entre otras cosas, elementos como uso del tiempo libre, lo cual puede ayudar a definir estrategias de comunicación y presencia frente a los consumidores, ya que si se establece que estos gustan de actividades al aire libre esto podrá aprovecharse para colocar publicidad en medios exteriores frente a los cuales transiten los consumidores. Asimismo, conocer los *hobbies* o las aficiones de los consumidores también resulta conveniente ya que esta información puede ayudar a realizar actividades en donde se tome como base precisamente aquellas que regularmente realizan los consumidores, garantizando impactarlos de la mejor forma posible. También es importante conocer los hábitos de uso de los consumidores: saber cuándo usan el producto, en qué ocasiones lo hacen, para qué lo usan, en qué cantidades y en combinación con qué otros productos. Los consumidores a veces dan sorpresas con respecto al uso de los productos, ya que les dan usos que las empresas no imaginan y que podrían convertirse en oportunidades de crecimiento para las marcas.

Competencia

En el análisis comparativo de factores de marketing analizado anteriormente se hace el análisis grueso de la competencia, enfatizando en el análisis de una marca frente a las similares del mercado. En este aparte, el de la competencia, se debe recoger información más de la compañía que de las marcas en cuestión. El análisis de la competencia puede centrarse en temas relacionados con nuevos proyectos de inversión, la contratación de nuevos ejecutivos, la incursión en nuevos negocios o mercados. En fin, lo que se pretende en este punto es tener una panorámica, no de las marcas y de los productos de la competencia, sino de la compañía en general.

Mercado

Se debe considerar que una empresa no está sola, sino que se encuentra inmersa en un contexto empresarial donde hay competidores y consumidores; esto se conoce como mercado, es decir, el lugar en donde se encuentra la oferta con la demanda. Un plan de marketing debe considerar las particularidades de dicho mercado; por tanto, es necesario conocer, entre otras cosas, los siguientes elementos:

- Segmentación del mercado: hace referencia a las diferentes categorías en las que se encuentra dividida la oferta actual. Por ejemplo, en la categoría de cremas dentales se encuentran cremas para niños y para adultos (segmentación demográfica por edad), cremas para mujeres (segmentación demográfica por género), para personas que fuman, para personas que buscan mantener un buen aliento, para personas que buscan principalmente blancura, para personas que buscan salud, para personas que buscan protección contra las caries, etc. Conocer la manera como se segmenta la categoría permite saber qué segmentos están saturados y en cuáles hay posibilidad de entrar, e incluso descubrir nuevas oportunidades de crecimiento.

- Comportamiento del mercado: se debe conocer el tamaño del mercado en unidades monetarias (euros, dólares, etc.) y en unidades de la tasa de crecimiento de los últimos cinco años si es posible; el consumo per cápita nacional y de países similares, participación de producto importado, volumen de ventas al exterior, etc.

- Características del mercado: es importante conocer las barreras de entrada y de salida, el nivel tecnológico y las tendencias tecnológicas, así como el nivel de innovación. También es importante reconocer el nivel de regulación presente y previsto.

Macroentorno

El macroentorno está constituido por una serie de variables no controlables que influyen de manera directa o indirecta en el desempeño de una marca. Es obligación del estratega de marketing monitorear permanentemente lo que sucede allí para detectar oportunidades y amenazas que puedan favorecer o afectar las marcas a su cargo. Una inadecuada lectura del macroentorno puede llevar a una compañía a cometer errores costosos o a desaprovechar oportunidades importantes y con gran potencial. Una lectura adecuada del macroentorno y del entorno en general requiere mentes entrenadas, con visión aguda, y si fuera posible, con el apoyo de empresas especializadas en descubrir tendencias (hoy en día existen las llamadas "cazadores de tendencias" que alimentan de información relevante a los estrategas de marketing). A continuación se muestran algunos elementos importantes dentro del macroentorno que deben ser tenidos en cuenta cuando se hacen planes estratégicos y planes de marketing (tabla 9).

Tabla 9. Elementos del macroentorno

Factores demográficos	Factores ambientales
• Aumento de la tercera edad • Tasa de natalidad • Tasa de mortalidad • Aumento de enfermedades de transmisión sexual • Aumento de divorcios • Mayor permanencia de los jóvenes en el hogar	• Contaminación del aire • Contaminación del agua • Escasez de agua • Calentamiento del planeta • Destrucción de selvas y bosques • Especies en vía de extinción • Clima • Desastres naturales
Factores económicos	**Factores político-legales**
• Ciclo económico • Desempleo • Inflación • Tasa de cambio • Tendencia del producto interno bruto (PIB) • Masa monetaria • Costos de la energía • Salario mínimo • Contrabando • Importaciones • Inversión extranjera • Tratados de libre comercio (TLC)	• Leyes antimonopolio • Leyes de protección ambiental • Impuestos • Legislación de comercio exterior • Legislación laboral • Delincuencia • Estabilidad del Gobierno • Orden público • Desplazamientos • Restricciones a la publicidad • Restricciones al precio • Restricciones a la distribución • Restricciones a la tenencia de bienes

Factores tecnológicos	Factores socioculturales
• Miniaturización	• Ambientalismo
• Nanotecnología	• Nacionalismo
• Robótica	• Egocentrismo
• Alimentos transgénicos	• Hedonismo
• Biotecnología	• Culto a la salud
• Realidad aumentada	• Apertura sexual
• Realidad virtual	• Discriminación racial
• Internet de las cosas	• Crisis de valores
• Inteligencia artificial	
• Big data	

Fuente: el autor

Microentorno

Tradicionalmente, se ha hablado del microentorno como las variables semi-controlables; se llaman así porque de alguna manera una empresa puede hacer algo para modificar lo que sucede en los diferentes componentes de este. El microentorno está compuesto por proveedores, canales y públicos.

Proveedores

Los proveedores son elementos vitales dentro de la estrategia de la compañía. Su adecuada selección contribuirá a que una empresa sea competitiva, producto de haber obtenido de ellos las materias primas a unos precios adecuados, con una calidad adecuada y dentro de unos parámetros de cumplimiento adecuados. Por eso se habla de la integración que debe haber con los proveedores, volviéndolos socios estratégicos de la compañía.

Lo que se debe analizar aquí es el número de proveedores de las materias estratégicas con los que se cuenta, su cercanía y el poder que tienen para imponer o no sus condiciones a la empresa compradora. Hay mercados donde existen uno o dos proveedores, y estos imponen las condiciones a los clientes; un caso muy reciente fue el tema del acero que se tornó escaso debido a la demanda por parte de China, con ocasión de los Juegos Olímpicos del 2008: muchos proveedores cancelaron los despachos a empresas nacionales porque China ofreció mejores precios, y estos no honraron sus compromisos con sus clientes sino que, de manera arbitraria, tomaron la decisión de no cumplir con las órdenes de compra de sus clientes.

Canales

Con respecto a los canales sucede algo similar. En ciertos mercados, especialmente de consumo masivo, el poder de los canales (cadenas de supermercados o hipermercados) a nivel mundial supera el de los productores, tanto que es común ver cómo imponen condiciones a estos que, en ocasiones, resultan demasiado onerosas. Dentro de dichas imposiciones destacan los pagos de las facturas en plazos que han llegado a 180 días, obligatoriedad para participar en las campañas publicitarias de las cadenas, hacer promociones exigidas por las cadenas y, a veces, colocar personal de impulso a actuar como empacadores en las horas de mayor flujo de clientes, cuando deberían estar en los pasillos promoviendo las marcas. Dentro de estas exigencias se encuentra también la obligación de pagar la codificación de los productos, es decir, el derecho de hacer parte del portafolio de la cadena y la imposición de entregar en ocasiones el primer pedido gratis cuando se inaugura una tienda.

Por tanto, cuando se trata de diseñar una estrategia de distribución, aunque la tendencia de todo empresario o estudiante de marketing es pensar primero en las cadenas, es mejor ser más cauteloso y pensar en canales alternativos. Las cadenas, además de hacer exigencias que no convienen a las empresas, no generan diferenciación frente a la competencia. Es mejor, entonces, buscar un lugar donde la marca esté sola y no compita con los líderes del mercado, donde no se le exijan inversiones y condiciones difíciles de sostener por parte de empresarios medianos o pequeños.

Públicos (stakeholders)

Se entienden como *stakeholders* a los grupos de personas o empresas que se ven afectados por las acciones de una empresa. En este sentido, se habla de públicos internos y externos: los internos son los accionistas, los empleados y los sindicatos; estos últimos aunque son también empleados, se consideran un público autónomo por sus particularidades dentro de la organización. Dentro de los públicos externos se encuentran la comunidad (local, regional y nacional), los medios de comunicación, el Gobierno, el sector financiero, las asociaciones de personas consumidoras, la comunidad internacional. Incluso, se pueden reconocer como públicos a los consumidores, los canales, los proveedores y la misma competencia. Una empresa debe saber gestionar sus relaciones con los públicos porque ellos tienen un arma muy poderosa llamada opinión pública. Un mal manejo de las relaciones con ellos puede generar problemas que trasciendan y deterioren la posición de una empresa en un mercado, a tal punto que puede darse la desaparición de esta por un problema de opinión pública.

La opinión pública se administra mediante herramientas de las relaciones públicas como el *free press*, el *lobbying*[24], la realización de eventos con la comunidad, el mecenazgo y otra serie de actividades orientadas a mejorar la imagen que tienen los diferentes grupos de interés sobre las empresas o los productos de estas.

7.2. Matriz DAFO

Luego de hacer el análisis de cada uno de los elementos del componente interno, se deben reunir los principales hallazgos en lo que se conoce como matriz DAFO. Sin embargo, esta matriz es una herramienta de la cual se ha abusado, pues muchos empresarios, cuando hacen planificación de marketing, la inician sin hacer el paso previo, que es el análisis de situación. Los que actúan así, como se decía anteriormente, se defienden alegando que tienen "metida" la empresa en la cabeza, lo cual resulta práctico pero peligroso porque los empresarios generalmente se meten en un modelo de la realidad que en ocasiones se vuelve estático y esto los lleva a casarse con ideas irreales. El análisis de situación precisamente lo que busca es que el empresario rompa sus esquemas mentales y haga el esfuerzo de analizar de manera meticulosa la situación actual de la empresa partiendo desde cero.

7.3. Factores clave de éxito

Este es un resumen de los aspectos más relevantes de la matriz DAFO y se emplea cuando esta última contiene demasiados elementos que en realidad no se pueden manejar dentro de un plan de marketing. Los factores clave de éxito son los elementos que se deben trabajar prioritariamente para garantizar el éxito del plan.

7.4. Objetivos de marketing

En esta etapa la dirección de la empresa o la gerencia de marketing debe remitirse al análisis interno, específicamente al punto relacionado con el análisis de indicadores. Este debe conducir a identificar primero cuáles indicadores

---

24 El primer término se traduce como prensa gratuita y hace referencia a las apariciones de una marca en el contenido editorial de un medio de comunicación motivado porque la marca ha producido una noticia importante para la audiencia. El segundo se traduce como cabildeo y es el ejercicio que hacen las empresas o gremios frente a los Gobiernos especialmente para que generen políticas de Estado que favorezcan los intereses de estas empresas o de los mismos gremios.

se tienen, establecer el estatus, es decir, qué valor está mostrando cada uno de ellos, y determinar si se está o no conforme con el valor que muestra el indicador. En caso de que no se esté de acuerdo, se debe plantear un nuevo valor para ese indicador, el cual se convertirá en objetivo para el plan de marketing.

A manera de ejemplo, supóngase que haciendo el análisis de indicadores en una compañía, mediante una investigación de mercados, se estableció que la satisfacción de los consumidores está en un 60%. El estratega debe definir entonces si está conforme o no con que solo el 60% de sus clientes estén satisfechos con la compañía. La respuesta seguramente será que no; por lo tanto, se procede a fijar como objetivo alcanzar una satisfacción superior a la hallada, y esta se deja plasmada en el plan de marketing como un objetivo para el periodo para el cual se está haciendo la planificación.

El objetivo de ventas, también denominado pronóstico de ventas o *forecast*, entendido como la estimación de la demanda, es uno de los objetivos más relevantes ya que asegura los ingresos de la compañía y garantiza el flujo de caja que mantendrá la operación funcionando. Dada su relevancia, el siguiente capítulo se dedicará a este tema. En la tabla 3 se presentaron los principales objetivos que se deben contemplar en un plan de marketing.

7.5. Definición de estrategias y tácticas

Luego de fijar los objetivos, es necesario que se definan las estrategias y las tácticas que se van a emplear para cumplirlos. Como se decía en el capítulo 1, una estrategia indica la manera general como se va a cumplir un objetivo, es decir que señala el camino, mientras que una táctica es el modo particular con el que se va a concretar la estrategia escogida, es el vehículo a través del cual se recorre el camino de la estrategia. Por lo general, aunque no es estrictamente necesario, una estrategia se implementa con más de una táctica. Cabe aclarar que un objetivo puede ser conseguido mediante la utilización de estrategias alternativas; es el estratega quien, según su experiencia y criterio, escoge la mejor estrategia a seguir. En el anexo 6 se ofrece una herramienta para el diseño de estrategias y tácticas. Para entender mejor cómo funciona esto, se presenta a continuación un ejemplo.

Situación: una compañía de seguros sabe que solo el 30% de quienes toman un seguro obligatorio de accidentes de tránsito (SOAT) renueva la póliza con ellos. Se quiere aumentar este porcentaje al 50%, por lo que se piden dos estrategias y tres tácticas por cada estrategia (tabla 10).

Tabla 10. Elaboración de estrategias y tácticas

Objetivo	Estrategias posibles	Tácticas
Aumentar 40% el número de personas que renuevan la póliza	**Estrategia 1** Dar incentivos para que las personas renueven la póliza	**Táctica 1**
		Se ofrecerá un descuento del 10% al cliente que renueve con sesenta días de anticipación
		Táctica 2
		Se prestará el servicio a domicilio a quienes renueven con por lo menos treinta días de anticipación
		Táctica 3
		Se recibirán cheques posfechados a quien renueve con anticipación de por lo menos sesenta días, los cuales deberán ser recogidos a más tardar treinta días después de la renovación
	Estrategia 2 Generar una cultura de renovación	**Táctica 1**
		Entregar en la expedición de la póliza un volante que resalte los beneficios de renovación
		Táctica 2
		Desplegar una campaña pedagógica en medios masivos, en donde se enfatice en la renovación oportuna
		Táctica 3
		Regalar un imán para poner en la nevera que recuerde los beneficios de la renovación

Fuente: el autor

7.6.   Definición de los programas de marketing

Un programa es un documento que detalla la táctica empleada en el plan de marketing. El estratega define las fechas de inicio y de terminación de la estrategia, y designa al responsable de la actividad y los controles que se van a realizar para asegurar el éxito de la táctica. En el programa también se define el presupuesto por invertir y el cronograma de la actividad (anexo 7). Vale la pena aclarar que el presupuesto de cada actividad o programa se incluirá en el presupuesto general, al igual que el cronograma de cada actividad o programa será incluido en el cronograma general de la empresa.

7.7.   El cronograma de marketing

Como se anotaba en el punto anterior, cada programa o actividad o táctica incluye las fechas específicas para su realización. Estas fechas se llevan al cronograma general para tener un documento consolidado de todas las actividades que incluye el plan de marketing (anexo 8). El cronograma es una herramienta que permite al estratega de marketing ejecutar y cada una de las acciones en los momentos oportunos de tal manera que se garantice la consecución de los objetivos. El cronograma, además de ser una herramienta de planificación, ayuda a controlar que las acciones de marketing se realicen tal como se ha previsto.

7.8.   El presupuesto de marketing

Este es un documento que recoge de manera consolidada los presupuestos de cada una de las actividades o programas diseñados dentro del plan de marketing. En el presupuesto se presentan los ingresos y la inversión total que se va a realizar para cumplir con los objetivos planteados (anexo 9). Hablando de manera general, en él se incluyen los gastos discriminados por cada una de las actividades de marketing.

Se debe relacionar el egreso relacionado con la nómina, la administrativa del departamento de marketing y la de la fuerza de ventas. Se deben incluir los gastos relacionados con las comunicaciones de marketing (publicidad, relaciones públicas y promoción de ventas entre otros). Adicionalmente, se pueden incluir gastos relacionados con el desarrollo de nuevos productos y con todos los procesos de investigación asociados a esta actividad y otras que se vayan a realizar dentro del plan. El presupuesto es una herramienta gerencial que debe ser monitoreada de manera regular para hacer el control del gasto, para no excederse en este o para no dejar actividades sin ejecutar.

7.9.   Estado de resultados

El estado de resultados es una herramienta que ayuda a visibilizar, desde el aspecto financiero, el impacto de las actividades de marketing. En esta herramienta aparecen varias cuentas que pueden ser afectadas por el departamento de marketing, como ventas, descuentos, gastos de marketing y comisiones de ventas; la idea es que el estratega pueda hacer simulaciones con estas cuatro cuentas para determinar, a diferentes niveles de ventas y de gastos, cómo varían las ganancias, en especial las operativas, que son finalmente uno de los indicadores importantes para medir la gestión del estratega de marketing.

CAPÍTULO 8

ELABORACIÓN DEL PRONÓSTICO DE VENTAS (*FORECAST*)

La elección del objetivo de ventas o de una meta tiene que basarse en una decisión estratégica relacionada con el posicionamiento en el mercado o con la rentabilidad de los activos o con cualquier otro objetivo general de la empresa, y no puede basarse en un incremento sobre la cantidad del último año. Establezcan un objetivo al que quieran llegar, no uno que puedan conseguir.

Sergio Syman

La elaboración del pronóstico de ventas (*forecast*) es la estimación de la demanda de una marca o una empresa determinada; el pronóstico es la meta de ventas que fija una empresa para un periodo determinado y se constituye en el ingreso operacional de esta. Se representa en una cifra global que deberá desglosarse en lo que se conoce como el plan de ventas, entendido este como la manera en que la meta de ventas se distribuirá por mes, por marca, por zona, por canal, por vendedor y, si es posible, por cliente.

El pronóstico de ventas es la base para planificar, a través de un presupuesto, los gastos en los que se va a incurrir para poner en marcha en plan de marketing. Además, sirve de base para proyectar el presupuesto de gastos e inversión de toda la compañía, puesto que de la cifra de ventas que espera lograr una empresa se derivan los demás presupuestos, como el de materia prima, el de mano de obra, inversiones y otros necesarios en la empresa para desarrollar la operación.

Determinar cuánto se va a vender en un periodo determinado es un tema difícil que implica muchos riesgos. Si la empresa se queda corta en la estimación de las ventas, perderá la oportunidad de crecer en el mercado y de tener mayores ganancias. No tener disponible producto llevará además a golpear el indicador de satisfacción de los clientes por cuanto ellos se sentirán perjudicados al no encontrar respuesta a sus pedidos, lo que conducirá a la migración de estos a la competencia. Por otra parte, si la empresa se excede en la estimación de la demanda, incurrirá en gastos innecesarios, como inversiones para ampliar la capacidad productiva, la contratación de personal y gastos de marketing, entre otros, lo que afectará su rentabilidad.

Para determinar el *forecast* de una compañía se dispone de varios métodos que, en últimas, se pueden clasificar en dos: los cualitativos (subjetivos) y los cuantitativos (objetivos). Los primeros se denominan así porque dependen del juicio de las personas que intervienen en el pronóstico de ventas, mientras que los cuantitativos derivan su nombre del uso de datos históricos de carácter numérico para proyectar las ventas futuras.

Cabe anotar que la utilización de datos históricos de ventas para hacer proyecciones es una manera apreciada por muchos profesionales, pero a la vez tiene detractores que alegan que proyectar una cifra del pasado en el futuro es un error por dos razones: la primera es que nadie puede asegurar que el pasado se repetirá en el futuro (Herrera, 2016); por otra parte, si así fuera, una proyección sobre el pasado podría amarrar a una empresa a procesos mediocres, en donde se daban los resultados sin mayores esfuerzos. También se puede afirmar que estos métodos desconocen la gestión de la gerencia de marketing como herramienta potencial para cambiar una tendencia basada en cifras pasadas.

Vale la pena resaltar que, en realidad, la primera consideración para estimar las ventas de una marca o compañía es la capacidad de producción de esta y el capital de trabajo disponible. Estas variables determinarán el número de unidades que podrán colocarse a disposición de un mercado, independientemente del potencial que exista en el mercado donde esta opere. Para entender mejor esta afirmación, consideremos a una pequeña empresaria que fabrica carteras de cuero. Ella trabaja sola en un taller pequeño, y su capacidad de producción, por las limitaciones de mano de obra y de recursos para compra de materia prima, es de 250 carteras por mes. Esta cifra debe considerarse como su potencial de ventas.

Otra consideración importante, antes de revisar cada uno de los métodos, se refiere a que un pronóstico finalmente es un *compromiso* generado dentro de la organización que debe jalonar su cumplimiento, más que un acto a través del cual se adivina el futuro de una compañía. Sin perjuicio de lo anterior, se presentarán a continuación los diversos métodos de proyección de ventas.

8.1. Métodos cualitativos para pronosticar ventas

Como se anotaba anteriormente, estos son métodos que en esencia no usan cifras históricas de las ventas de una compañía para proyectar las futuras; su principal insumo es el criterio de las personas, ya sean estas los clientes, los vendedores de la compañía o los mismos ejecutivos. Los métodos cualitativos no son muy estimados por las personas o profesionales que tienen formación cuantitativa por cuanto consideran que no tienen el suficiente sustento para considerarse métodos fiables. No obstante, los métodos cualitativos como herramienta para alinear a una organización frente a un objetivo de ventas resultan muy pertinentes dentro del proceso de planificación de marketing.

8.1.1. Juicio de ejecutivos

El juicio de los ejecutivos es la primera situación posible, que se da comúnmente en empresas pequeñas cuando el dueño, absolutamente solo o acompañado de su equipo directivo si lo tiene (jefe de producción, jefe de ventas, jefe de contabilidad), trabaja con cifras a la mano o no, correspondientes al desempeño de la empresa en el periodo que está culminando[25].

Los ejecutivos participantes, a partir de una serie de análisis de situaciones de mercado y de las cifras de la compañía, llegan a un consenso acerca de cuál será la cifra de ventas para el periodo del cual se está haciendo planificación. Por lo general, lo que se determina es que las ventas del periodo anterior o las del periodo en curso se incrementarán en un porcentaje determinado, que incluye el ajuste por costo de vida más unos puntos reales de crecimiento; es decir,

---

25 Este ejercicio debería hacerse, a más tardar, iniciando el último trimestre del año contable, el cual difiere dependiendo de si se está trabajando en empresas europeas o americanas, en donde los calendarios contables difieren.

si la economía creció al 5% en el periodo sobre el cual se está proyectando, los ejecutivos después de su análisis determinan crecer dos o tres puntos por encima de la inflación del periodo anterior, lo cual daría un crecimiento para este ejemplo del 7% u 8% con respecto al periodo anterior. Usualmente, en este proceso se consideran el dinamismo de la economía, el desarrollo político del país, la inercia de la competencia y los proyectos de inversión que la compañía realizará para el año que se está proyectando.

8.1.2. Agregado de la fuerza de ventas

Este método se utiliza en empresas medianas y grandes, con equipos de ventas generalmente numerosos. Considérese, a manera de ejemplo, una empresa que tiene dividido su mercado (país) en seis regionales; en cada una, existen cuatro zonas diferentes, y cada una tiene cinco vendedores. En las distintas zonas hay supervisores de ventas, y en las regionales hay gerentes regionales que dependen, a su vez, de un gerente nacional de ventas.

El ejercicio es el siguiente: el supervisor de cada zona se reúne con cada uno de los vendedores de su grupo y, mediante un proceso de revisión de cifras, análisis de acontecimientos pasados del mercado y de los clientes y estimaciones del futuro, se llega a una meta de ventas conciliada para cada uno de los vendedores a cargo de cada supervisor de zona. Este supervisor consolida las cifras de los vendedores a su cargo en una sola y se la presenta a su gerente regional. Una vez hecho el ejercicio con los seis gerentes regionales, el gerente nacional de ventas se reúne con su jefe inmediato, el vicepresidente comercial o la gerencia de la empresa, y realiza el ejercicio ya referido hasta llegar a una única cifra de ventas, la cual una vez establecida en la cabeza de la empresa se comunica a las gerencias regionales y, a su vez, cada gerente regional comunica la cifra a sus supervisores de ventas. Es evidente que las cifras que vienen de arriba siempre están por encima de los acuerdos que se han realizado en los niveles inferiores.

8.1.3. Método Delphi

Este método se desarrolla en varias etapas (pueden ser tres o cuatro). El propósito es crear un grupo de expertos que conozcan a fondo el negocio, en el que se incluyen la gerencia o la presidencia de la empresa, la gerencia de producción, la gerencia financiera, la gerencia de marketing y otros ejecutivos de primera línea versados en el negocio. También se incluyen los gerentes regionales, los supervisores de ventas y los vendedores. A cada uno de ellos se les entrega un formato, en cuya primera columna figuran los productos de la compañía y, en la segunda, que está en blanco, cada uno de los involucrados escribe la cifra de ventas estimada para cada producto de la compañía. Esta estimación es valiosa porque integra el criterio de la persona, su experiencia profesional y su experiencia específica en el mercado.

Acto seguido, el coordinador del proceso recoge las hojas y promedia las cifras que ha dado cada funcionario, y entrega una nueva donde aparecen cuatro columnas: en la primera se encuentran nuevamente referenciados los productos de la compañía; en la segunda aparece la cifra que cada funcionario estimó para cada producto; en la tercera aparece el promedio dado por todos los participantes; y en la cuarta casilla, que aparece en blanco, cada persona debe colocar una nueva cifra, considerando la inicial y la del promedio. Se espera que cada funcionario revise el desfase que tiene frente al grupo y, haciendo otra vez consideraciones y análisis de los hechos relevantes del mercado y de la historia de la marca, determine una nueva cifra, la cual estará matizada por su proyección inicial y por la proyección promediada del grupo. Esto se puede repetir una tercera o cuarta vez hasta tener la cifra final por cada marca, la cual será adjudicada a cada regional y a cada zona de acuerdo con su peso en la contribución al total de ventas de la compañía.

8.1.4. INVESTIGACIONES DE MERCADO

Las investigaciones de mercado, mediante encuestas, indagan acerca de las intenciones de compra de los consumidores de un producto. Este método es poco apreciado por muchos profesionales debido a que, al preguntársele a una persona acerca de las expectativas de compra de un producto, la realidad es muy distante de su intención, ya que la gente es muy ligera al contestar una encuesta, pero actúa contrariamente al invertir su dinero en productos o marcas nuevos. En todo caso, si se acude a esta modalidad, es conveniente manejar todo el rigor estadístico del caso mediante el control del error muestral y no muestral, y el manejo del nivel de confianza y demás variables que pudieran desdibujar la realidad de los encuestados.

Para este tipo de investigación se requieren errores estadísticos muy pequeños (lo más cercanos al 0%) y niveles de confianza muy altos (lo más cercanos al 100%), así como toda la validación estadística del caso, como pruebas de hipótesis y cálculo de intervalos de confianza. Adicionalmente, se recurrirá a la aplicación de más de una encuesta para tener el blindaje adecuado para tomar decisiones apoyados en esta metodología.

8.1.5. Presupuestación con base cero

Este método es muy recomendable porque hace "borrón y cuenta nueva" de las acciones del pasado de la compañía; lo que se busca es que los ejecutivos que hacen la planificación realicen, a la vez, un análisis minucioso de la marca, del consumidor, de la competencia, del entorno y de la misma empresa, y establezcan unos objetivos de ventas que consideren las posibilidades de la marca y las oportunidades del mercado. Este método no se basa en el histórico de ventas, aunque sí lo tiene en cuenta porque, como se anotaba, estas cifras, a pesar de que parezcan buenas, no necesariamente son las mejores para una marca ya que, en ocasiones, no contemplan el potencial de esta. Sergio Zyman (1999, p. 52), exejecutivo de Coca-Cola, recomienda que una compañía debe establecer un objetivo de ventas que quiera conseguir en vez del que pueda conseguir:

> La elección del objetivo de ventas o de una meta tiene que basarse en una decisión estratégica relacionada con el posicionamiento en el mercado o con la rentabilidad de los activos o con cualquier otro objetivo general de la empresa, y no puede basarse simplemente en un incremento sobre la cantidad del último año o en la decisión de gastar determinada cantidad de dinero.

8.2. Métodos cuantitativos para pronosticar ventas

A diferencia de los métodos cualitativos, los cuantitativos se nutren especialmente de las ventas históricas de una compañía, es decir, las de los periodos inmediatamente anteriores. Las personas que tienen formación cuantitativa, como los economistas o los ingenieros, se sienten más cómodas utilizando estos métodos porque pueden hacer comprobaciones estadísticas, lo cual puede generar mayor credibilidad en una empresa. Sin embargo, si se acepta que un pronóstico es una herramienta que alinea y moviliza a una empresa frente a un objetivo de ventas, los métodos cualitativos tienen tanta pertinencia como los cuantitativos.

8.2.1. Promedios móviles

El método consiste en tomar el promedio de periodos anteriores como cifra estimada de ventas para un periodo futuro. Este no requiere mayores cálculos matemáticos, pero sí que la empresa para la cual se está haciendo la estimación esté en un negocio con poca variabilidad, con innovaciones escasas y un nivel de competencia estable (Stanton, Buskirk & Spiro, 1997).

8.2.2. Suavización exponencial

La suavización exponencial es un método que se utiliza para realizar pronósticos para periodos cortos. Para calcular las ventas de un periodo dado se toman las ventas reales del periodo anterior y se multiplican por un factor que va entre 0,0 y 1. Luego el pronóstico de las ventas de dicho periodo se multiplica por el complemento del factor escogido anteriormente: si se escogió 0,2 como primer factor, se usa el complemento de 0,8, de tal manera que los dos números sumen 1.

8.2.3. Regresión simple

Este es uno de los métodos más usados por su confiablidad y sencillez. Aquí también se utilizan series de tiempo como en los anteriores, pero se busca asociar el pronóstico de ventas a una variable independiente. Con ayuda de regresiones de tendencia se determinará cuál de ellas se ajusta al comportamiento histórico, para lo cual se tomará como parámetro de comparación el coeficiente de determinación (R^2), que indica en qué porcentaje la variable independiente afecta la variable dependiente (ventas), siendo el máximo 1 y el mínimo 0. Las regresiones mencionadas son la lineal simple, la exponencial, la logarítmica, la cuadrática, la cúbica y la potencial.

8.2.4. Regresión múltiple

La técnica estadística de la regresión múltiple se basa en el establecimiento de la relación estimada entre una variable dependiente (la variable objeto del pronóstico, en este caso las ventas) y las variables independientes (conjunto de variables que explican el comportamiento de la variable dependiente). Las variables independientes actúan conjuntamente, por lo cual este método es mucho más confiable que el de las regresiones simples, puesto que con la regresión múltiple se distribuye el impacto de las diferentes variables sobre la variable objeto del pronóstico.

EJECUCIÓN DE LA ESTRATEGIA

El objetivo de una estrategia es aproximarse a las condiciones más favorables a nuestro bando, juzgando con precisión el momento oportuno para atacar o retirarse y evaluando siempre con corrección los límites del compromiso.

Kenichi Ohmae

A partir de una encuesta realizada por Wharton School a ejecutivos de importantes compañías, se identificaron diversos factores que atentan contra la ejecución exitosa de las estrategias empresariales (Hrebiniak, 2007). A continuación se presentan estos empezando por los de mayor impacto, según los encuestados:

1. Resistencia al cambio.
2. Conflicto entre la estrategia y la estructura de poder.
3. Inadecuado intercambio entre los involucrados en la implementación de la estrategia.
4. Comunicación inadecuada acerca de los roles y de los estándares esperados de cada persona.

5. Una estrategia mal diseñada.

6. Falta de compromiso con la estrategia por parte de algunos actores importantes.

7. Falta de directrices claras.

8. Inadecuada alineación entre estructura y diseño organizacional en el proceso de ejecución de la estrategia.

9. Ausencia de incentivos adecuados.

10. Recursos financieros suficientes.

11. Falta de apoyo de la alta gerencia a la ejecución de la estrategia.

Algunos de los factores anteriormente citados están relacionados con el diseño de la estrategia, y los otros, la gran mayoría, están más relacionados con las personas. Esto lleva a pensar que diseñar estrategias, sea desde la perspectiva que se quiera, tiene un grado de dificultad alto; por eso se pone mucho énfasis en todo su proceso de elaboración. En el capítulo 1 se enumeraron una serie de características que debe tener una estrategia: si el plan de marketing se diseña teniendo en cuenta estas recomendaciones, seguramente aumentará la probabilidad de que los resultados se den.

No solo por un mal diseño falla un plan de marketing; es muy común encontrar que cuando esto sucede se debe en gran medida a la ejecución. Por ello, tan importante como el diseño de la estrategia es la ejecución de esta (Hrebiniak, 2007). Para asegurar la ejecución de la estrategia se deben controlar elementos tan diversos como muestra la encuesta Wharton. Adicionalmente, es necesario tener en cuenta otros factores que requieren especial cuidado como son el estratega mismo, la alineación estratégica, el servicio al cliente y la logística; elementos que si se gestionan de manera adecuada aumentarán la probabilidad de que los resultados se ajusten a lo esperado. A continuación se desarrollan cada uno de esos elementos.

Figura 10. Factores que influyen en la ejecución de la estrategia

Fuente: el autor

9.1. El estratega

El estratega debe tener claridad de propósito para lograr los objetivos planteados en el plan de marketing. Debe determinar un norte claro, al fin y al cabo, es la brújula de la organización. Esto lo hace mediante el diseño mismo de la estrategia. Después de ello procede a alinear a su equipo frente a ese propósito, es decir, que todos tengan claro el camino que deben recorrer, que compartan ese propósito. El tercer paso es movilizar a las personas frente a ese propósito a través de las herramientas y habilidades gerenciales pertinentes.

Figura 11. El papel de la gerencia de marketing en la ejecución de la estrategia

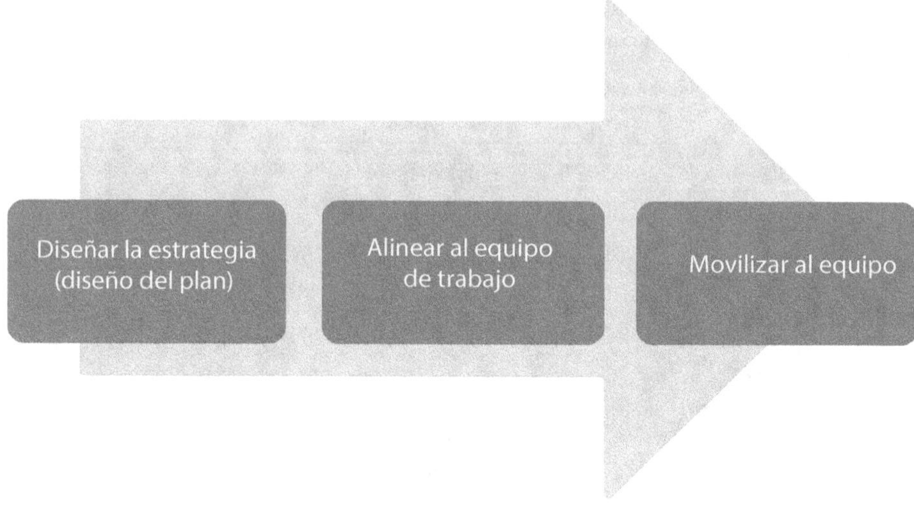

Fuente: el autor

Según Ohmae, diseñar la estrategia, alinear y movilizar a su equipo de trabajo y tener éxito en la ejecución de esta "depende de un análisis riguroso de una situación de mercado, también mucho de las características del estratega que está detrás de dicha ejecución. Se necesita una mente entrenada para la consecución de los objetivos, imbuida por una fuerte y consecuente determinación en pos del cumplimiento, que está acompañada por una alta dosis de intuición y creatividad" (1988, p. 4). Este autor considera que un buen estratega debe reunir dos condiciones: creatividad, es decir, la capacidad de diseñar estrategias innovadoras, y capacidad de ejecución. Uno sin lo otro sirve realmente poco.

El buen estratega, además de la creatividad y la orientación al logro, debe fortalecer otros elementos que harán mejor su trabajo. Esto se conoce como habilidades gerenciales. Entre ellas se pueden citar algunas a continuación.

9.1.1. MANEJO DE RELACIONES DE PODER

Un buen estratega debe saberse relacionar con los niveles de decisión importantes en la organización con el fin de influir en ellos y recibir el apoyo necesario para el desarrollo de su trabajo. Un buen manejo político le permitirá tener mayor apoyo de la alta gerencia, recibir mejores asignaciones presupuestales, reducir fricciones con las diferentes estructuras de poder y modificar la estructura organizacional para hacerla más proclive a la ejecución exitosa de la estrategia.

9.1.2. Comunicación asertiva

Esta habilidad gerencial permitirá neutralizar algunos elementos que atentan contra la ejecución de la estrategia según lo identificado por la encuesta Wharton. Una buena comunicación permitirá que el equipo de trabajo tenga claro en qué consiste la estrategia y qué se espera de cada uno en este proceso, es decir, cada quien tendrá las directrices claras. Esto último puede crear en el equipo un compromiso más amplio y puede ayudar también a vencer la resistencia al cambio. Una buena comunicación también puede facilitar el intercambio de la información entre los diferentes actores en la organización, generando una dinámica orientada a la consecución de los resultados.

9.1.3. Otras habilidades gerenciales

Con solo dos habilidades gerenciales, el manejo de las relaciones de poder y la comunicación asertiva, se podrían neutralizar 9 de los 11 factores Wharton que atentan contra la ejecución de la estrategia. No obstante, esas dos habilidades deben ser fortalecidas por habilidades relacionadas con trabajo en equipo, liderazgo, negociación, resiliencia y la orientación al logro. También se hace necesario, siguiendo lo anotado por Ohmae, cultivar la creatividad y, dentro de esta, el pensamiento lateral, elementos que ayudarán al diseño de estrategias diferenciadas y novedosas.

9.2. La alineación estratégica

Este, aunque es un concepto muy sencillo, en ocasiones es ignorado por algunas organizaciones o por algunas personas dentro de las organizaciones. La alineación estratégica consiste en que la estrategia que ha sido diseñada en los niveles directivos de una empresa sea bajada a los diferentes niveles de esta hasta la base misma.

Para entender este concepto mejor, cabe dar un ejemplo. Hablemos de un programa de fidelización en una cadena de autoservicios: esta, a través de su departamento de marketing, diseña un plan mediante el cual cada comprador obtiene unos puntos por las compras que realiza. Para ello, este departamento dedica un determinado tiempo diseñando el programa de fidelización y otro tiempo importante presentando el programa a las instancias respectivas para obtener la aprobación final. Luego de esto diseña la campaña de comunicación, diseña y produce las piezas publicitarias necesarias y hace el lanzamiento en los medios publicitarios considerados en la campaña. Probablemente se preocupe de hacer la capacitación al personal directamente involucrado en el proceso, entre quienes se encuentran obviamente los cajeros de las tiendas de la cadena, en quienes en el fondo radica el éxito de la estrategia por cuanto son ellos quienes deben preguntar a cada comprador si está inscrito al programa de puntos y registran la compra en el CRM en caso de que la respuesta sea positiva o invitar al cliente a que se afilie al programa de puntos en caso de que la respuesta sea negativa.

Si el cajero cumple con su misión, coadyuvará a que el programa de fidelización se fortalezca; por el contrario, si olvida su papel, el programa de fidelización tendrá menos probabilidades de tener éxito. Para evitar que esto último suceda, el líder del programa de fidelización en este ejemplo debe asegurarse de que todos los eslabones de la cadena del programa de fidelización estén alineados con este; esto significa que estén informados, formados y motivados para que en cada momento de verdad, es decir, en el momento de registrar la compra del cliente para este ejemplo, se desarrolle la rutina prevista para asegurar que el cliente cuente con los puntos del programa y con los beneficios que ello implica.

La alineación estratégica, además de incluir programas de información, formación y motivación, debe ser reforzada con la auditoría correspondiente a través de técnicas como la de cliente incógnito, de tal manera que alguien de la compañía o contratado por esta verifique de primera mano el cumplimiento de los objetivos del programa.

La motivación para el cumplimiento del rol del cajero debe darse desde la perspectiva positiva, es decir, debe haber un plan de incentivos para los que cumplan con su papel de manera adecuada, pero en caso necesario, de comprobarse el incumplimiento reiterativo de un funcionario concreto, debe hacerse un trabajo, primero de reinducción y, en el caso más extremo, llegar a medidas de orden laboral.

9.3. Logística

Imagine una empresa que ha lanzado un nuevo producto al mercado y que para asegurar su éxito hace una campaña importante a través de medios digitales y medios tradicionales. La campaña ha sido tan bien diseñada que mucha gente se ha decidido a probar ese nuevo producto. Una persona va a una tienda cercana a comprarlo, pero resulta que en esa tienda no ha llegado aún el producto; la persona consumidora no tiene otra alternativa que comprar una marca distinta. Todo el esfuerzo que ha hecho la gerencia de marketing se ha perdido por deficiencias logísticas.

Hay dos tipos de logística, como se veía en el capítulo 7: la de entrada, relacionada con los procesos de aprovisionamiento, producción y alistamiento de mercancías para ser despachadas a los clientes; y la de salida, entendida como un conjunto de elementos que facilitan que los productos lleguen a las manos de los consumidores de manera oportuna y a unos costos que permitan el acceso a ellos. El ejemplo presentado anteriormente demuestra que si los procesos logísticos, los de salida, no se coordinan de manera adecuada con el departamento de marketing, las estrategias diseñadas por esta última área pueden no concretarse adecuadamente.

La logística, además de apoyar la entrega de productos, también tiene que ver con otras actividades promocionales como los concursos y la entrega de regalos promocionales o de muestras gratis por citar solo unos ejemplos. Si no se tiene la logística adecuada para darles soporte a estas promociones, ni las muestras ni los regalos llegarán a los consumidores de manera conveniente. Por eso, el estratega de marketing debe manejar relaciones de poder con los encargados de la logística de la compañía para obtener de ellos el apoyo necesario para la consolidación de las acciones del plan de marketing relacionadas con esta área.

9.4. Servicio al cliente

Supongamos que la gerencia de marketing de una empresa de seguros, como la que se presentó en el capítulo 7, diseña una estrategia para aumentar la tasa de renovación del seguro obligatorio. Un cliente se acerca a un punto de venta para renovar, pero la recepcionista lo atiende de mala manera; el cliente no dice nada y prefiere ir a otra compañía a renovar el seguro. Un mal servicio determinó que el cliente cambiara su decisión de renovar con la compañía del ejemplo; de nada valió que la estrategia estuviera bien diseñada porque un eslabón de la cadena se reventó y llevó al fracaso de la estrategia, por lo menos en lo que a este caso se refiere.

Aunque no exista un departamento de servicio al cliente, esta función, que generalmente no depende del departamento de marketing, es vital para que la estrategia de marketing se ejecute adecuadamente. El servicio al cliente se da en tres momentos: en la precompra, en la compra y en la poscompra. Estos tres momentos deben ser analizados para diseñar procesos que en cada caso faciliten que al final se produzca una transacción tal como se ha diseñado en la estrategia. Si la gerencia de marketing no tiene injerencia en esta función, debe procurar hacer aportaciones a quien corresponda para que el servicio al cliente apoye la ejecución de la estrategia.

9.5. Otros elementos que contribuyen a la ejecución de la estrategia

Dos elementos importantes que deben gestionarse para asegurar la ejecución de las estrategias son los incentivos y los controles (Hrebiniak, 2007). Los incentivos se dan en dos direcciones: por un lado están los monetarios, que funcionan muy bien en todos los niveles de la organización pero no son suficientes; es necesario, por otro lado, que la gente que se destaca y hace bien las cosas cuente con el reconocimiento adecuado dentro de la organización. También es importante que exista la posibilidad de que de manera interna se hagan las promociones para ocupar las vacantes que van surgiendo en la compañía. Este estímulo funciona muy bien porque compromete los mejores talentos con la ejecución de los planes.

Por su parte, el control es un elemento que debe estar presente en todo proceso de gestión de marketing, principalmente porque se trabaja con personas, algunas de las cuales tienden a hacer el menor esfuerzo, otras simplemente quieren hacer las cosas como a ellas les parece, y otras actúan con dolo. Inclusive los altos ejecutivos, de buena fe, debido a su formación y al sesgo que se deriva de ello, tienden a desviarse del diseño original de la estrategia. Lo relativo a la evaluación y control del plan de marketing se verá en el siguiente capítulo.

Finalmente, cabe recordar que, como se dijo en el capítulo 4, la misión de la gerencia de marketing es orientar la empresa al mercado, esto es, desarrollar una cultura empresarial que ponga en el centro de toda decisión al consumidor. Los planes se cumplirán con mayor facilidad en la medida en que todos hayan interiorizado el concepto de orientación al mercado como una práctica que conviene a todos dentro de la organización.

CAPÍTULO 10

EVALUACIÓN DEL DESEMPEÑO DE MARKETING: LA AUDITORÍA DE MARKETING

La necesidad de controles, inclusive a nivel de ejecutivos, tiene su origen en una serie de hechos fundamentales de la organización. La consecuencia inevitable de la división de las actividades, es el nacimiento de subestrategias, que siempre se desvían algo de su verdadero objetivo, debido a las necesidades de los individuos y a los conceptos y procedimientos de grupos especializados, cada uno de los cuales tiene sus postulados e ideales. Por tanto, los controles deben existir aun en empresas prósperas y competentes gobernadas por hombres de buena voluntad y conscientes de sus objetivos.

Kenneth R. Andrews

If the marketing discipline cannot demonstrate its value, it will continue to be merely a set of tactical activities for which costs must be controlled.

David W. Stewart

La función de marketing, como proceso gerencial, debe ser conducida considerando los cuatro grandes elementos del proceso administrativo: la planificación, la organización, la dirección y el control (figura 12). La *planeación* incluye la recolección de información de los hechos que se producen en el mercado y en la empresa misma, y su correspondiente análisis para encontrar las oportunidades de mejoramiento, lo que debe conducir a la fijación de objetivos, el diseño de estrategias y la asignación de recursos. Luego se avanza al proceso de *organización*, en donde se revisan la estructura del área, los procedimientos, los manuales y demás elementos que permitirán abordar la siguiente etapa, que es la *dirección* o puesta en marcha de la estrategia. Finalmente se encuentra el proceso de *control*, en donde se verifica que lo que se planeó se esté ejecutando de manera adecuada y que se estén obteniendo los resultados buscados. Mucha atención se ha prestado a los tres primeros pasos, y poca a lo relacionado con el *control* de la función de marketing, lo que constituye un problema grave dada la importancia de esta función para el desempeño de las organizaciones, en especial de aquellas que persiguen objetivos de lucro.

Evidentemente, la función de marketing tiene un impacto muy alto en los resultados de una empresa debido a las grandes inversiones que se hacen para llevar a cabo todo lo planeado por el área; no en vano hay empresas en las que entre el 20% y el 25% de los gastos totales corresponden al área de marketing (Stewart, 2009). Asimismo, se debe resaltar el compromiso que tiene con el futuro de la organización, ya que el marketing debe asegurar los ingresos de esta, así como su sostenibilidad a largo plazo.

Figura 12. Proceso gerencial de marketing

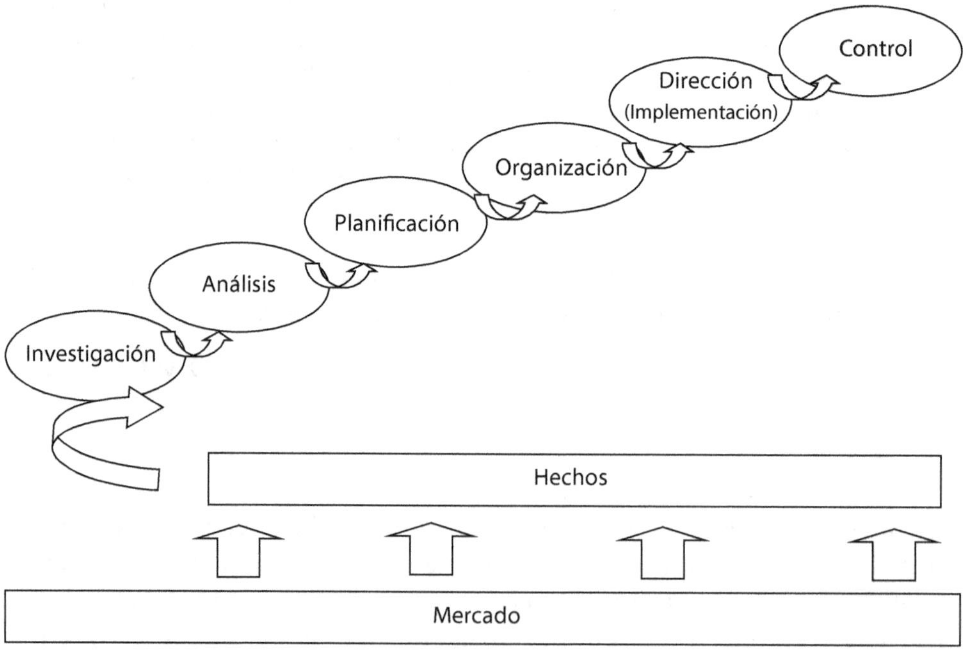

Fuente: el autor.

Por otro lado, en virtud de la presión que se ejerce sobre las personas del área de marketing para dar resultados, estos por iniciativa propia deben tomar la decisión de generar unos procesos de medición e impacto de sus actividades, esto es, una autoauditoría, antes de que sean otros los que sugieran u ordenen la medición respectiva. Adicionalmente, el área de marketing, como todas las áreas encargadas de desempeñar las distintas funciones de una organización, es manejada por personas, y las personas, en su gran mayoría, necesitan que alguien supervise y revise su desempeño para asegurar que se cometa el mínimo de errores y evitar malos manejos de los recursos de las empresas.

En concordancia con lo anterior y para dar respuesta a las necesidades concretas de asociar los resultados de marketing a las inversiones realizadas en él para asegurar el cumplimiento y el aseguramiento de los objetivos planteados en un plan de marketing, ha surgido la auditoría de marketing o el sistema de medición del desempeño del marketing (MPMS, por sus siglas en inglés)[26] (Morgan, 2002).

10.1. Definición de auditoría de marketing

La auditoría de marketing se entiende como la revisión y valoración sistemática de las actividades y resultados de marketing con el fin de plantear alternativas de mejoramiento. Se entiende también como el análisis riguroso y la evaluación imparcial de las metas, estrategias, políticas y procesos y recursos relacionados con esta función (Instituto de Empresa, 2001).

Desde otra perspectiva, la auditoría de marketing se comprende como un proceso de revisión sistemático, clave e imparcial de la operación de marketing y de los objetivos básicos y las políticas que orientan los procesos de esta función, así como de los métodos, los procedimientos, las personas y la organización o estructura empleados para alcanzar los objetivos.

Por su parte, Kotler *et al.* (2000) definen la auditoría como el proceso comprensivo, sistemático, independiente y periódico para examinar las estrategias y actividades llevadas a cabo, los objetivos propuestos y el ambiente en el que lo anterior se desarrolla, con el fin de encontrar problemas y

---

26 Existen autores que sostienen que los dos conceptos son diferentes ya que el sistema de medición del desempeño del marketing (MPMS, por sus siglas en inglés) es una categoría global que incluye la auditoría de marketing.

oportunidades, y poder recomendar acciones para mejorar el desempeño de una organización.

10.2. Cuándo hacer una auditoría

A pesar de que una auditoría es un proceso continuo, hay dos momentos precisos en los cuales se debe adelantar una: el primero es cuando hay situaciones nuevas. Por ejemplo, cuando sale la cabeza del departamento de marketing es conveniente auditar en qué situación dejó el departamento y qué compromisos pactó con los canales, con las agencias de publicidad o con los mismos vendedores; asimismo, es necesario saber qué recursos comprometió para determinar si la compañía puede o no mantener dichos compromisos. El segundo momento en que es necesario hacer una auditoría es cuando hay problemas con el recurso humano. Por ejemplo, cuando además de un número excesivo de quejas existe una rotación muy alta de vendedores o mercaderistas, lo que puede indicar que hay un problema de maltrato del personal por parte de sus superiores.

Sumado a lo anterior, se recomienda efectuar una auditoría cuando se va a vender a o a comprar una unidad de negocios, con el fin de saber en qué estado está la inversión que se piensa hacer, o cuánto cobrar por la unidad que se pretende vender. Finalmente, es conveniente realizar una auditoría cuando los resultados económicos son insatisfactorios, es decir, cuando las metas de ventas no se están consiguiendo con facilidad, o cuando la cartera está aumentando mucho o se está reduciendo de manera sostenida la rentabilidad de la operación.

10.3. Características de la auditoría de marketing

La auditoría de marketing debe reunir varias características. En primera instancia, debe ser *permanente*, lo que hace referencia a que el ejecutivo de marketing debe desarrollar la cultura de la evaluación constante de sus actividades. Es decir, no hay que esperar a que surjan problemas graves para hacer una revisión de cada uno de los programas y actividades a su cargo, y de los recursos invertidos en dichas actividades, sino que debe actuar de una manera proactiva en este sentido.

La auditoría de marketing debe ser *detallada*, lo que quiere decir que la auditoría debe hacer un examen exhaustivo de todas las tareas, funciones, áreas y procesos de marketing, sin dejar descubierto ningún aspecto, por pequeño que parezca.

También debe ser *sistemática*, pues debe hacerse con una metodología rigurosa; debe tener unos objetivos específicos y un plan predeterminado para obtener los mejores resultados. Asimismo, debe contar con unas herramientas previamente probadas que garanticen que la información que se está recolectando corresponde a la realidad que se está tratando de interpretar.

Por otra parte, la auditoría de marketing debe ser también *independiente*. A pesar de que la auditoría se puede hacer desde adentro, es conveniente en muchos casos que personas externas la realicen para lograr la mayor objetividad posible. En efecto, la *objetividad* es otra característica de la auditoría de marketing, por la cual los procesos de auditoría se deben centrar en los problemas y no en las personas. Así, el auditor debe dejar a un lado sus prejuicios y centrarse en los hechos y en las evidencias que puedan usarse para medir un proceso.

Por otra parte, la *honestidad* es otra característica primordial de la auditoría de marketing. Podría parecer innecesario decirlo, pero es posible que en virtud de que en ocasiones hay de por medio dinero e intereses de otro tipo, esto se puede prestar para que al auditor se le ofrezcan incentivos no legales para mostrar unos resultados determinados o para no mostrar otros.

Otro requisito importante es la *confidencialidad*, es decir, el auditor no puede, bajo ninguna circunstancia, revelar a terceros información recogida durante el proceso ya que se puede dar una fuga de información que puede perjudicar a una empresa severamente.

Otro requisito para llevar a cabo una buena auditoría es la *competencia profesional*, esto es, una auditoría debe ser realizada por expertos en el tema de marketing, que tienen la formación necesaria para entender todos los elementos de marketing que se manejan en una organización. Por tanto, no se debe dejar en manos de personas con ninguna o poca formación en marketing el manejo de una auditoría de este tipo, porque la profundidad y la calidad de esta dejará mucho qué desear.

Por último, la auditoría debe ser *consecuente*, es decir, una vez se hayan detectado problemas graves o no, se debe proceder a implementar las medidas de mejoramiento posibles. No se puede caer en el error de no hacer nada cuando se han evidenciado errores en el área de marketing, pues esto llevará al desperdicio de recursos, la pérdida de oportunidades de mejoramiento y el desprestigio del sistema de medición de marketing.

10.4. Beneficios de la auditoría de marketing

Son varios los beneficios de auditar la función de marketing. En primer lugar, la revisión del desempeño del área y, en especial, una adecuada contabilización, seguimiento y evaluación de los gastos de marketing es el primer paso para la consecución de los objetivos.

Por otro lado, la implementación de recomendaciones provenientes de una auditoría de marketing ha mostrado, de manera empírica, que esta puede influir de manera significativa en la participación de una empresa en el mercado (Taghian & Shaw, 2002). Asimismo, un aumento en la participación conduce a economías de escala, las cuales reducen los costos y llevan, por consiguiente, al aumento la rentabilidad de la operación.

De igual manera, la auditoría de marketing también sirve para comunicar mejor a los empleados lo que se espera de ellos y generar así un proceso de aprendizaje y mejoramiento a nivel individual y a nivel de empresa como un todo (Lamberti y Noci, 2009; Stewart, 2009).

10.5. Elementos para tener en cuenta en la planificación de la auditoría de marketing

En la planificación de una auditoría de marketing se deben contemplar tres elementos principales: los temas que se van a controlar o a medir; el tipo de *medidas* o *métricas* que se van a utilizar para diagnosticar la salud de la función de marketing y *cómo implementar* la medición, es decir, el plan de auditoría; y finalmente, el tipo de herramientas se van a utilizar para realizar el diagnóstico (Lamberti & Noci, 2009). En los anexos de este libro se suministra una serie de herramientas que sirven para diagnosticar las diferentes áreas de marketing; no obstante, la presente propuesta no es taxativa puesto que cada organización en cada contexto diferente debería desarrollar sus propias herramientas de medición, que se acomoden a su realidad y a su momento concreto. Un experto en marketing debe estar en capacidad de desarrollar herramientas que se ajusten a las necesidades y particularidades de cada empresa auditada.

Los temas por controlar pueden ser diversos. Entre ellos se tiene la *eficiencia de las actividades de marketing*, es decir, la capacidad de convertir en beneficios las inversiones realizadas. Otro aspecto por evaluar es la gestión de las *relaciones con los clientes*, entendida como la capacidad de la empresa de atraer y retener clientes rentables. Un tercer tópico en este propósito es la *consistencia interna* o la habilidad para mantener alineada la organización en torno a los objetivos de marketing. El cuarto elemento que se debe medir es la *salud de la cadena de abastecimiento*, esto es, la capacidad de mantener alineada toda la cadena desde los proveedores, los canales y los terceros que intervienen en ella. El último tópico que se debería evaluar es el tema relacionado con *capital intelectual* y la gestión basada en el conocimiento, es decir, la capacidad que tiene la empresa de centrar su accionar en el cliente y de generar inteligencia útil para la toma de decisiones (Lamberti & Noci, 2009). A estos elementos vale la pena agregarle un tema relacionado con la *salud de la marca,* ya que esta es el centro del enfoque estratégico de la gerencia de marketing. El tema de las métricas que se deben utilizar será tratado más adelante en este capítulo.

10.6.   Componentes de una auditoría de marketing

En concordancia con lo expresado sobre los tópicos que debe contemplar una auditoría, esta debe tener al menos los componentes descritos enseguida (Kotler, citado en Morgan, 2002).

10.6.1.   Auditoría del entorno de marketing

Con esto se hace referencia a la revisión del macroentorno y del microentorno tratados en los capítulos 5 y 6. Es pertinente revisar si se ha hecho una adecuada identificación de los aspectos más relevantes del entorno en términos de debilidades, oportunidades, fortalezas y amenazas (DAFO).

10.6.2.   Auditoría de la estrategia de marketing

Se revisa la consistencia de la estrategia con las amenazas y oportunidades del mercado. En este punto se determina si se están cubriendo con las debidas estrategias los diferentes elementos incluidos en la matriz DAFO, obtenida mediante el análisis de entorno.

10.6.3.   Auditoría de la estructura de marketing

En este punto se revisa si la estructura de área de marketing corresponde a las necesidades de la empresa, es decir, si las subáreas y el número de personas permiten desarrollar la estrategia de manera ajustada a los objetivos, o si por el contrario deben ser reestructuradas. Es importante también analizar a qué nivel está el departamento de marketing, esto es, de quien depende y la forma como están repartidas las funciones. Adicionalmente, se debe saber si el recurso humano es suficiente y si está debidamente capacitado para atender las necesidades del departamento. Aquí es relevante determinar si la estructura y, en general, la filosofía de marketing está orientada al mercado o no.

Para esta revisión se observan también las interfaces, es decir, los canales de comunicación y colaboración que existen dentro de marketing y desde marketing con los otros departamentos. Esto significa que es importante validar si el departamento tiene cercanía y acceso a la alta gerencia y a las áreas de producción y finanzas, entre otras, lo que aumenta la probabilidad de que se generen sinergias que facilitarán el desarrollo de las actividades del departamento. Asimismo, es preciso analizar la estructura informal, ya que el poder se reparte en micropoderes concentrados en personas que, de manera informal, lo han ido ganando con el tiempo y que en un momento determinado se deben tener en cuenta en el momento de tomar decisiones.

10.6.4. Evaluación de los sistemas de marketing

Sirve para calificar procedimientos para obtener información, planificar y controlar la operación de marketing. Aquí es conveniente revisar los sistemas de captura o consecución, retención y recuperación de clientes. Se deben revisar también los sistemas de crecimiento, referenciación y devolución a la sociedad (en el anexo 10 se presenta una herramienta para evaluar el proceso de planificación de marketing).

Asimismo, es necesario revisar si los procesos están bien definidos y documentados, de tal manera que cada quien sepa qué hacer con cada una de las posibles situaciones que se presenten en la operación de marketing (en el anexo 11 se presenta una herramienta para evaluar procesos comerciales).

10.6.5. Auditoría de la productividad

En ella se revisan cifras contables para determinar el uso adecuado de los recursos. Para este caso se aplican indicadores financieros como rentabilidad bruta, rentabilidad neta, etc., y se recomienda incluir también los indicadores no financieros relacionados con consumidores, marca, vendedores, entre otros, como se muestra más adelante.

10.7. Tipos de auditoría

El desempeño del área de marketing debe ser visto desde dos perspectivas: la efectividad y la eficiencia (Morgan, 2002). De estas dos dimensiones se derivan dos tipos de auditorías: la de conformidad, que opera en relación con la eficacia, y la de gestión, que opera frente a eficiencia.

10.7.1. Auditoría de conformidad

Este tipo de auditoría se fija en que las cosas se hagan de acuerdo con los planes, las políticas, los procesos e, incluso, las normas y leyes locales. Este punto es importante porque dentro de las políticas y normas internas existen unos códigos de ética *(compliance)* que deben ser acatados para evitar sanciones. Cuando se habla de auditoría de conformidad se debe hablar también del concepto de *eficacia*, referido a cuando una actividad cumple los resultados esperados, independientemente de los costos.

10.7.2. Auditoría de gestión

Se refiere a la eficiencia, con la cual se mira la racionalidad económica de los resultados y se mide el costo económico del cumplimiento de los objetivos. Por tanto, se es eficiente cuando se cumplen los objetivos con la optimización de los recursos empleados. La auditoría de gestión tiene como finalidad verificar la existencia de objetivos y planes coherentes y comprobar la utilización adecuada de los recursos.

10.8. Tipos de controles

Hay dos tipos de controles: los formales y los informales (Ferrell & Hartline, 2015). Los primeros hacen referencia a una característica de la auditoría, es decir, esta debe ser sistemática y corresponder a un plan con unas fechas y unos procesos previamente definidos. Los controles formales parten de las mediciones que se tengan en una organización a través de los indicadores o las métricas pertinentes para tal fin.

Adicionales a los controles formales están los controles de tipo informal, que se dan de manera fortuita cuando el equipo directivo de marketing, de manera libre, solicita al azar algún tipo de información o realiza de la misma manera visitas a los puntos de venta o acompañamientos a los vendedores para conocer cómo están trabajando estos.

10.9. Tipos de evidencias

Para colectar la información necesaria dentro de un proceso de auditoría, se puede recurrir a diversas fuentes de información. Las primeras de ellas son las *evidencias documentales*, que tienen que ver con la revisión de todo documento que se halle disponible dentro y fuera de la organización. Esto incluye, entre otros, el plan de marketing, los informes de los vendedores, las carpetas de correspondencia recibida y enviada, el listado de cartera, los manuales de procedimientos, los reglamentos, resoluciones, circulares, etc. Dichas evidencias deben ser tomadas como punto de partida de una auditoría para tener una idea de lo que pasa en una organización, especialmente cuando el auditor es externo.

Las *evidencias verbales* son otra fuente importante, y consisten en entrevistas formales e informales que se hacen con el personal del área de marketing, los canales y los consumidores.

Por otra parte están las *evidencias visuales*, que consisten en la observación personal o por medios electrónicos de situaciones de mercado. Se recomienda que el auditor vaya al mercado y, por sus propios medios, revise lo que está pasando allí. Las evidencias visuales se encuentran en los canales, en las casas y oficinas de los consumidores. A su vez, dentro de la organización, el auditor entrenado debe tener la capacidad de corroborar mediante la observación elementos que haya detectado en las evidencias documentales y las verbales.

El comprador incógnito o *mystery shopper*, técnica que se abordará en el próximo capítulo, es una herramienta importante que se usa como fuente de información. En ella se utilizan tanto las evidencias escritas (catálogos, volantes, cotizaciones y publicidad) como las evidencias verbales y visuales.

Por último se encuentra la *evidencia analítica*, que, como fuente de información, permite al auditor hacer contraste entre las evidencias documentales, verbales y visuales, y sacar conclusiones acerca de los puntos sobre los cuales se está haciendo la auditoría concreta.

10.10. Las métricas en marketing

Algunos estrategas de marketing generan resistencia ante los números y los temas financieros, lo que produce tensiones entre su área y los niveles directivos (Domínguez, 2010). Por ello, tal como se plantea en uno de los epígrafes que encabezan este capítulo, uno de los grandes retos de los estrategas de marketing es demostrar que los recursos invertidos por ellos dan resultados tangibles. Esto se logra a través de los indicadores de gestión, o métricas de marketing, como también se le conoce a estas herramientas.

Es importante tener en cuenta que, adicional a las métricas de orden financiero, que en últimas son las que mayor gustan en las empresas, existen otras muy específicas de marketing que ayudarán al encargado de esta área a medir su gestión y tener control de ella de manera permanente.

10.10.1. ¿Qué es una métrica?

La medición de las actividades de marketing se hace a través de indicadores o métricas, entendidas como un número expresado de manera absoluta o relativa que normalmente muestra una relación entre dos elementos, dos situaciones o dos periodos diferentes. La métrica en marketing se usa para medir, por ejemplo, el desempeño de un vendedor frente a una meta (situación), frente a su desempeño anterior (periodo) o frente a sus colegas en un equipo de ventas (otro elemento).

10.10.2. Características de las métricas de marketing

Las métricas de marketing deben cumplir con varias características. Estas deben, en primera instancia, ser *relevantes para la toma de decisiones*, esto es, el estratega de marketing debe saber escoger los indicadores más adecuados que permitan medir elementos que puedan ser objeto de gestión y sobre los que valga la pena trabajar para modificarlos.

La segunda característica de una métrica de marketing es que esta sea *medible*, es decir, que efectivamente se tenga acceso a la información que pueda ser convertida en cifras e indicadores. Es común que no se pueda tener acceso a información sobre lo que pasa con los consumidores y con la competencia, por lo que en ciertos casos construir la métrica es imposible. Incluso hay actividades dentro de la misma organización sobre las cuales no se tiene la información disponible, lo que lleva a la necesidad de reestructurar los sistemas de información para recolectar las estadísticas que se necesitan para medir la integralidad de la operación de marketing. En este sentido, hay que destacar actividades que son más fáciles de medir que otras; las fáciles son aquellas que dan respuesta inmediata como correo directo, telemarketing, campañas de *e-mailing*, tráfico a sitios web, entre otras, mientras que hay unas más difíciles como las relacionadas con temas de construcción de marca y posicionamiento (Stewart, 2009).

De manera consecuente, el indicador debe ser *fácil de interpretar*. Esto significa que con una simple mirada se debe entender lo que el indicador quiere decir, lo cual se logra con una buena denominación de este. Por tanto, en el momento de construir la métrica es necesario ser asertivos en la manera como se le va a nombrar.

Una métrica de marketing debe ser también *verificable*, esto es, en el momento en que se requiera se debe tener acceso a las fuentes de información de donde se calculó la métrica. De esta manera se cumple con una característica importante de la auditoría, que es la objetividad.

Ser *aceptado por la organización* es otra característica de un buen indicador, de tal manera que cuando se quiera tomar decisiones basadas en este nadie pueda decir que la métrica no sirve, que hay que cambiarla y, en general, que se quiera desconocer su importancia.

10.10.3. TIPOS DE MÉTRICAS

Lamberti y Noci (2009) hacen referencia a dos tipos de métricas. En primer lugar están las financieras, dentro de las cuales se encuentran los beneficios, las ventas y el flujo de caja. Este tipo de métricas son importantes por varias razones: las finanzas son el idioma preferido en cuanto a valoración del desempeño en las organizaciones, y toda información presentada a los grupos de interés, especialmente los financieros, los accionistas y el Gobierno, se presenta en términos financieros. Las métricas financieras están disponibles en una proporción muy alta de las empresas y, por tanto, permiten hacer comparaciones entre unas y otras. Este tipo de métricas son entendidas por los diferentes departamentos de la organización, se constituyen en un lenguaje común y se convierten en el punto alrededor del cual se articulan de manera mancomunada procesos de mejoramiento (Stewart, 2009).

Entre las métricas no financieras se encuentran las relacionadas con las diferentes actividades relevantes de marketing, entre las que se consideran las del área de ventas, las de clientes, las de marca, las de logística, entre otras, las cuales se analizarán más adelante. Los indicadores no financieros resultan importantes ya que en diversas encuestas se ha manifestado la inconformidad de los ejecutivos con los sistemas de medición del retorno de la inversión en marketing (Stewart, 2009), especialmente en lo relativo a marca, publicidad y gestión de canales. Esto sugiere la necesidad de elaborar modelos más sofisticados para ello y que puedan ser equiparables a los que se utilizan para obtener métricas financieras.

10.10.4. EJEMPLOS DE MÉTRICAS

A continuación se presentan ejemplos de algunas métricas importantes discriminados por el área de desempeño. Estas métricas han sido recopiladas a través del tiempo por el autor: algunas han sido desarrolladas por él, y otras son de dominio corriente entre los profesionales del marketing; algunas otras se han tomado de los libros de Liberman (2015), Beltrán (1999), Davis (2006) y Stewart (2009).

Tabla 11. Métricas financieras

Métrica	Forma de cálculo
Cumplimiento de ventas	$\dfrac{\text{Ventas logradas}}{\text{Ventas planificadas}}$
Crecimiento en ventas	$\dfrac{\text{Ventas del periodo actual} - \text{ventas del periodo anterior}}{\text{Ventas del periodo anterior}}$
Cartera	$\dfrac{\text{Cartera pendiente por recaudar}}{\text{Ventas logradas}}$
Cartera morosa	$\dfrac{\text{Cartera pendiente por recaudar superior a treinta días}}{\text{Ventas logradas}}$
Rentabilidad bruta	$\dfrac{\text{Ventas logradas} - \text{costo de ventas}}{\text{Ventas logradas}}$
Rentabilidad neta	$\dfrac{\text{Beneficio bruto} - \text{gastos}}{\text{Beneficio bruto}}$
Lealtad	$\dfrac{\text{Compras a la empresa}}{\text{Compras a la competencia}}$
Nivel de satisfacción	$\dfrac{\text{Clientes satisfechos}}{\text{Clientes totales}}$
Participación en la cartera del cliente (*share of wallet*)	$\dfrac{\text{Ventas de la marca por periodo}}{\text{Total de comprar del cliente por periodo}}$
Penetración de línea	$\dfrac{\text{Productos por cliente}}{\text{Total de productos}}$

Fuente: Liberman (2015), Beltrán (1999), Davis (2006) y Stewart (2009).

Tabla 12. Métricas de consumidor

Métrica	Forma de cálculo
Lealtad	$\dfrac{\text{Compras a la empresa}}{\text{Compras a la competencia}}$
Nivel de satisfacción	$\dfrac{\text{Clientes satisfechos}}{\text{Clientes totales}}$
Participación en la cartera del cliente (*share of wallet*)	$\dfrac{\text{Ventas de la marca por periodo}}{\text{Total de comprar del cliente por periodo}}$
Penetración de línea	$\dfrac{\text{Productos por cliente}}{\text{Total de productos}}$

Fuente: Liberman (2015), Beltrán (1999), Davis (2006) y Stewart (2009).

Tabla 13. Métricas relacionadas con la marca

Métrica	Forma de cálculo
Top of mind (primera mención)	$\dfrac{\text{Porcentaje de personas que nombran primero una marca}}{\text{Total de encuestados}}$
Top of heart (preferencia de marca)	$\dfrac{\text{Porcentaje de personas que prefieren una marca}}{\text{Total de encuestados}}$
Share of mind (recordación de marca)	$\dfrac{\text{Porcentaje de personas que recuerdan una marca}}{\text{Total de encuestados}}$

Fuente: Liberman (2015), Beltrán (1999), Davis (2006) y Stewart (2009).

Tabla 14. Métricas relacionadas con los canales

Métrica	Forma de cálculo
Penetración de marca	$\dfrac{\text{Establecimientos con marca}}{\text{Total de establecimientos susceptibles}}$
Amplitud del canal	$\dfrac{\text{Referencias comercializadas en el canal}}{\text{Total de referencias}}$

Métrica	Forma de cálculo
Índice de circulación	Clientes que pasan por el lineal o expositor / Clientes que entran en la tienda
Índice de compra	Clientes que compran / Clientes que paran en el lineal

Fuente: Liberman (2015), Beltrán (1999), Davis (2006) y Stewart (2009).

Tabla 15. Métricas relacionadas con la publicidad

Métrica	Forma de cálculo
Costo por punto de rating (CPR)	Inversión publicitaria / Rating obtenido
Costo por punto de recordación	Inversión publicitaria / Porcentaje de recordación de marca
Costo por mil (CPM)	Inversión publicitaria / Total de personas impactadas x 1.000
Tasa de conversión	Personas que responden a la publicidad y compran / Personas que responden a la publicidad
Share of voice (SOV) (inversión publicitaria)	Inversión publicitaria de la marca / Inversión publicitaria de la categoría

Fuente: Liberman (2015), Beltrán (1999), Davis (2006) y Stewart (2009).

Tabla 16. Métricas relacionadas con las promociones

Métrica	Forma de cálculo
Redención de cupones	Cupones redimidos / Cupones entregados
Efectividad del *switching* (cambio de marca)	Clientes conquistados de la competencia / Clientes invitados de la competencia
Efectividad de los sorteos/rifas	Clientes participantes / Total de clientes

Fuente: Liberman (2015), Beltrán (1999), Davis (2006) y Stewart (2009).

Tabla 17. Métricas relacionadas con los vendedores

Métrica	Forma de cálculo
Eficiencia de los vendedores	$\dfrac{\text{Gastos}}{\text{Ventas}}$
Efectividad comercial	$\text{Efectividad} = \dfrac{\text{Ventas ejecutadas}}{\text{comercial Ventas presupuestadas}}$
Eficacia	$\dfrac{\text{Clientes activos}}{\text{Clientes en cartera}}$
Incorporación neta de clientes	$\dfrac{\text{Actuales + nuevos – desertores}}{\text{Clientes actuales}}$
Retención de clientes	$\dfrac{\text{Clientes totales – desertores}}{\text{Clientes totales}}$
Reincorporación de clientes	$\dfrac{\text{Clientes reincorporados}}{\text{Clientes desertores}}$
Incorporación bruta de clientes	$\dfrac{\text{Clientes en nuevos}}{\text{Clientes totales}}$
Eficiencia	$\dfrac{\text{Clientes en cartera}}{\text{Total clientes del mercado objetivo}}$
Retención de clientes	$\dfrac{\text{Clientes totales – desertores}}{\text{Clientes totales}}$
Cartera	$\dfrac{\text{Cartera}}{\text{Ventas}}$
Eficacia	$\dfrac{\text{Clientes activos}}{\text{Clientes en cartera}}$
Penetración de marca	$\dfrac{\text{Establecimientos con marca}}{\text{Total establecimientos susceptibles}}$
Efectividad	$\dfrac{\text{Ventas}}{\text{Visitas realizadas}}$

Métrica	Forma de cálculo
Efectividad de las cotizaciones	$\dfrac{\text{Ventas}}{\text{Cotizaciones presentadas}}$
Devoluciones	$\dfrac{\text{Devoluciones}}{\text{Ventas totales}}$
Visitas por periodo	$\dfrac{\text{Total visitas en un periodo}}{\text{Treinta días}}$

Fuente: Liberman (2015), Beltrán (1999), Davis (2006) y Stewart (2009).

LA AUDITORÍA DEL SERVICIO AL CLIENTE A TRAVÉS DE LA OBSERVACIÓN PARTICIPANTE: "EL CLIENTE INCÓGNITO"

Se pueden incrementar, al menos en un 25%, los beneficios reduciendo la deserción de clientes en un 5%. Si hubiera un sistema de control en las empresas, seguro que estarían sonando las alarmas en la mayoría de ellas.

Jack Trout

11.1. Aproximación al servicio al cliente

El servicio al cliente, elemento importante dentro de la gestión de marketing para generar retención de clientes, tiene tres pilares fundamentales: la eficacia, la oportunidad y la atención. La eficacia, desde la perspectiva del cliente, significa que se hagan las cosas como él espera (para la empresa significa que se hagan las cosas como lo ha prometido al cliente); esa es la esencia del servicio al cliente y lo que este espera fundamentalmente. Sin embargo, no basta que las cosas se hagan como el cliente espera o como se le ha prometido; es necesario que estas se hagan dentro de unos parámetros de tiempo convenidos o racionalmente esperados, y que se atienda al cliente de manera amable, respetuosa, cálida y sobre todo humana.

La estrategia de servicio al cliente es planeada por la alta gerencia, instrumentada por la mediana gerencia y puesta en práctica por lo que se conoce como personal de primera línea, es decir, aquellos funcionarios de una organización que están en contacto directo con el cliente. Es allí en donde muchas empresas fallan, porque, a pesar de tener una estrategia de servicio impecablemente diseñada y soportada por manuales, instructivos y demás documentos, el personal de primera línea por diversas razones falla en el momento de contacto con el cliente, prestando un servicio por fuera de los parámetros de este y de la empresa, lo que convierte dicho contacto en un momento de miseria, lo que en este libro se denomina falta de alineación estratégica. Por esto se hace necesario que las empresas diseñen y pongan en práctica mecanismos que les permitan, de manera objetiva, saber cuál es el nivel de prestación de servicio en comparación con la estrategia diseñada y con las expectativas del cliente.

11.2. El papel del servicio al cliente dentro de la estrategia de la compañía

Peter Druker, en su libro *El management* (2002), afirma que el propósito de un negocio está fuera de este y se centra en generar clientes. Kotler refuerza esta idea afirmando que hoy en día no es suficiente conseguir nuevos clientes, sino que es necesario retenerlos y desarrollar su lealtad (Kotler, Jain & Maesincee, 2003).

Conseguir clientes para un nuevo producto se da principalmente a través de una adecuada estrategia de promoción (publicidad, promoción de ventas, relaciones públicas, exhibición y venta personal). Cuando el producto está en el mercado, estas variables se complementan con la comunicación verbal positiva o el marketing boca a boca. Para que este se dé, debe existir una experiencia positiva de los clientes con una marca para que estos compren mejores y más costosas versiones de los productos, e incluso se atrevan a recomendar su adquisición a otros.

Rosen (2001) presenta varias cifras que demuestran la importancia de mantener al cliente satisfecho: dice que el 70% de los norteamericanos se deja aconsejar para seleccionar un nuevo médico; y el 63% de mujeres en Estados Unidos se deja recomendar medicamentos de venta libre, por citar solamente unos ejemplos.

La retención significa lograr que el máximo de clientes que probaron un producto por primera vez lo sigan comprando en el futuro. Esto se logra mediante el ofrecimiento de unos incentivos o bonos[27], que se pueden clasificar en financieros, sociales, estructurales y personales, tal como se anotó en un capítulo anterior (Zeithaml & Bitner, 2002).

Definitivamente, para lograr una adecuada retención de clientes, se debe partir primero de una excelente calidad del producto, y cuando se habla de esto se hace referencia no solo al producto real, sino a todos los valores asociados que se ofrecen al cliente para lograr que este lo compre o lo utilice adecuadamente, como son la garantía, la instalación, la entrega a domicilio, la capacitación, el mantenimiento, la asistencia técnica, el trámite de quejas, la atención de reclamaciones, el suministro de información, la actualización de las versiones obsoletas, etc. Crecer en clientes significa que los clientes actuales compren más productos, con más frecuencia; que compren versiones mejoradas o más caras, en lo que se conoce como *up selling*, o que compren otros productos de la empresa, lo que se conoce como la venta cruzada (Kotler, 2004). Para que un cliente quiera comprar más a una compañía, debe tener un nivel de satisfacción alto con lo que está recibiendo de esta.

Lo anterior muestra que definitivamente la estrategia del servicio es vital para el desempeño de una marca, ya sea esta un bien o un servicio, pues contribuye a alcanzar los objetivos de una empresa como conseguir, retener y crecer clientes, y lograr que estos refieran prospectos. Esto resulta evidente para la mayoría de las personas; basta con mirar el enunciado de la misión de cualquier empresa, en el cual por lo general aparece como frase de cajón "En esta empresa nos distinguimos por ofrecer productos de alta calidad y lograr un nivel de satisfacción alto por parte de los consumidores." Entonces el problema no es si se reconoce o no la importancia del servicio para el éxito de una marca; de hecho, dicha importancia es plenamente reconocida y, como prueba de ello, también es común encontrar que las empresas se esfuerzan por diseñar procedimientos, manuales de funciones, programas de capacitación e incluso programas que premian a los funcionarios que se destacan en este aspecto; la publicidad de muchas empresas se esmera en recalcar la calidad de su servicio y la importancia que tiene el cliente para dicha organización.

Kotler, en su libro *Los diez pecados capitales del marketing* (2004), comenta que la base teórica del marketing es buena, es decir que, a pesar de que toda

---

27 No confundir con la herramienta promocional denominada *bonus pack*, que consiste en ofrecer a un consumidor un extracontenido en la compra de un producto.

disciplina se construye permanentemente, el marketing en la actualidad tiene una construcción teórica adecuada. En lo que se falla, según Kotler, es en la puesta en práctica de la teoría desarrollada. En términos del servicio al cliente, es posible afirmar de igual manera que la propuesta teórica de este es relativamente adecuada; lo que falla es su puesta en práctica. Esto se puede corroborar todos los días por casos que se escuchan de amigos, familiares o incluso situaciones que vivimos nosotros mismos: el servicio al cliente de muchas empresas es realmente deficiente. Si no, recordemos cuántas veces hemos tenido problemas relacionados, por ejemplo, con bancos, empresas prestadoras de salud, empresas de servicios públicos domiciliarios, por mencionar solamente unos sectores en donde la falla del servicio es algo frecuente, y con un alto impacto para el consumidor. A pesar de los ingeniosos y meticulosos procesos de planificación de las empresas en lo que tiene que ver con el servicio al cliente, la realidad es muy diferente: los fallos se presentan permanentemente, de manera repetitiva, y en algunos casos con consecuencias graves para las personas usuarias.

La reducción de los fallos en el servicio debe ser una obsesión de la gerencia y, claro está, del departamento de marketing, ya que de ello depende la imagen del negocio y, sobre todo, su estabilidad económica; así lo demuestran algunas cifras. Por ejemplo, se dice que "un recorte en del 1% en los problemas de servicio al cliente podría generar unos beneficios adicionales de 16 millones de libras [...] para una empresa de tamaño medio o grande, en el plazo de cinco años" (Freemantle, 1988, p. 10). Con respecto a la deserción de clientes, se dice que si una empresa es capaz de reducir la deserción de clientes en un 5%, podría aumentar sus beneficios entre un 25% y un 85% (Ford & Heaton, 2001). Estos datos evidencian que el tema del servicio al cliente no es un asunto superficial, sino que puede impactar enormemente en los resultados económicos de una organización.

El enfoque que se quiere proponer aquí no es de carácter policivo, en donde se busque en qué está fallando la gente para castigar a los responsables; más bien se trata de buscar mecanismos correctivos. Lo que realmente se quiere resaltar es que la supervisión es solamente una parte del proceso de calidad, porque, como se dijo anteriormente, la organización, además de responsabilizarse del diseño de las políticas y la estrategia general de servicio, debe desplegarlas en unos manuales de procedimientos, circulares y demás documentos que les permitan a los involucrados conocer exactamente qué se espera de ellos y cómo deben actuar en cada situación posible. No obstante, su papel no termina con esto, tampoco es suficiente con la auditoría del servicio; es necesario que la organización se preocupe por desarrollar procesos de selección, capacitación y motivación que garanticen que las personas adecuadas se ubiquen en los puestos adecuados, que conozcan la información que deben conocer y que además, tengan incentivos para esmerarse en prestar un servicio extraordinario.

11.3. Principales problemas del servicio al cliente

Los problemas con los clientes se derivan, en gran proporción, de situaciones ajenas al mismo producto o servicio. Por ejemplo, se afirma que, del total de disconformidades, solo el 44% se presenta por la falla real del servicio; un 5% de los consumidores se queja de asuntos no determinados, mientras que un 34% se queja de la actitud negativa de los empleados y el 17% de la respuesta insatisfactoria cuando se reclama por el fallo de un servicio (Ford & Heaton, 2001). Esto deja en evidencia que una proporción muy alta de la falla en la prestación de los servicios radica en la actitud y la asertividad de las personas, más allá de los procesos mismos de prestación del servicio.

Desde esta perspectiva, las razones por las cuales se presta un mal servicio pueden ser múltiples: por ejemplo, personas mal seleccionadas con baja vocación de servicio, personas mal ubicadas, es decir, que trabajan en puestos sin tener el perfil adecuado y, finalmente, personas con pocos motivos para prestar un buen servicio. Esto obliga a pensar que las compañías deben desarrollar mecanismos para corroborar el nivel de servicio prestado por cada uno de sus funcionarios de primera línea.

11.4. Cómo se audita el servicio al cliente

Así las cosas, el problema no radica entonces en la falta de conocimiento, de conciencia o de planificación; más bien se trata de falta de seguimiento o control, para lo cual las empresas tienen a su disposición algo que es relativamente nuevo en el medio y es la denominada auditoría de marketing, trabajada en el capítulo anterior.

El alcance de la auditoría de marketing se puede aplicar al servicio teniendo en cuenta que este es parte integral de la estrategia de marketing. Por tanto, la auditoría del servicio debe centrarse en el cumplimiento de las metas de marketing relacionadas con el servicio, como el nivel de satisfacción de los clientes, el índice de deserción y la retención de clientes, principalmente. Para realizar la auditoría se cuenta con diversas fuentes como los documentos, las evidencias verbales y las visuales. Dentro de los documentos que pueden ser consultados se pueden enumerar, entre muchos, los archivos de correspondencia interna, los informes de los vendedores, los archivos de correspondencia de clientes, las carpetas de reclamaciones, etc. Para recoger evidencias verbales se cuenta con la investigación de mercados, que ofrece la posibilidad de hacer entrevistas o sesiones de grupo e incluso aplicar encuestas. Para la recolección de evidencias visuales se tiene a disposición la observación. Dentro de la observación existe la técnica denominada comprador incógnito, que consiste en una observación participante en tanto el observador no se mantiene al margen de lo observado, sino que se involucra y participa activamente con el objeto observado.

11.5. El comprador o cliente incógnito

Esta técnica, conocida también como el comprador misterioso, consiste en que una persona de la misma empresa o contratada externamente para ello se hace pasar por cliente para conocer de primera mano y de manera totalmente real el nivel de servicio que presta una persona, una oficina o punto de venta. Para tal efecto, el comprador incógnito puede realizar una evaluación parcial simplemente solicitando información (cotizaciones, condiciones, características de los productos, etc.) sin llegar a realizar la compra; para esto puede valerse de diversos medios como solicitudes por internet, llamadas telefónicas o —lo que más se recomienda— de manera personal. Incluso se puede llegar a utilizar cámaras para registrar hechos o algunas situaciones que se comunicarían mejor con imágenes como filas desmedidas, locaciones en mal estado, la agresividad de un vendedor o la desidia de una persona en la superficie de venta, etc.

La técnica, que también se conoce como la seudocompra, en España, por ejemplo, está autorregulada por códigos de ética que en esencia tienden a proteger la identidad de la persona observada (Grande, 1996). No obstante, es muy utilizada para evaluar puntualmente a una persona específica, con el ánimo de calificar su desempeño. Esta evaluación puede conducir en caso negativo al despido de la persona, evento grave por cuanto en este caso de descalificaría a una persona por una sola observación, pudiendo esta coincidir con un mal día para el observado y no con la representación de su comportamiento regular.

La función del comprador incógnito también puede y debe llegar al punto de realizar la compra, con el fin de conocer de manera integral el nivel de atención en todo el ciclo del proceso. Es así como un comprador incógnito, por ejemplo, puede pasar por el proceso que significa utilizar el servicio de una línea aérea, desde la compra del billete en una agencia, pasando por el vuelo, hasta llegar a su destino final, en donde se debe cerrar el ciclo con la entrega de su equipaje.

Un comprador incógnito debe auditar diversos aspectos (Serna, 1999), como la ubicación y la presentación de las oficinas. En este caso, es importante determinar si existen suficientes vías de acceso, disponibilidad de plazas de aparcamiento y visibilidad de los puntos desde lejos. Con respecto a la presentación, es necesario evaluar las fachadas y los avisos exteriores. Asimismo, en el interior de los puntos se debe revisar el ambiente general, la distribución de piso *(lay out)* para verificar si hay espacio suficiente para circular, la iluminación, el estado de los muebles, la señalización, la decoración y el material publicitario disponible en carteleras y el disponible para los clientes.

Dado que las personas también son la imagen de la empresa, se debe auditar su presentación personal. Es importante determinar, en el caso que corresponda, que se usan los uniformes establecidos de manera oficial por la organización, si se portan o no las identificaciones necesarias, si se tienen los complementos necesarios y, aunque parezca desmesurado, revisar el aseo de las personas, pues es un aspecto clave en cualquier situación, pero mucho más cuando se trata de servicios de alimentación o de salud.

El otro punto relevante dentro de la auditoría del servicio es la atención presentada por las personas, por lo que, entre varios aspectos, se deben evaluar la amabilidad, la actitud y la celeridad u oportunidad de atención. Se deben también revisar el nivel de información gestionado por el funcionario, la capacidad de entender las necesidades del cliente y la solución ofrecida, ya sea parcial o total. El servicio en esta etapa incluye cosas tan importantes como el suministro de información; la entrega de material (cotizaciones, folletos, formularios, etc.); la explicación sobre el producto, sus características, sus precios y sus beneficios; la asesoría para el diligenciamiento de formatos, solicitudes de financiación etc. Se puede examinar también la calidad de los formatos suministrados, por ejemplo en un banco, en cuanto a la pertinencia de información solicitada, el espacio para incluirla y la disponibilidad de suficientes copias.

Por último, la auditoría puede llegar, si así lo quiere el cliente, a evaluar todo el ciclo del servicio. En el caso del servicio de una aerolínea mencionado anteriormente, la evaluación del ciclo debería llevar al comprador incógnito a adquirir el billete para evaluar el servicio de la agencia de viajes, luego a tomar el vuelo escogido, ya sea nacional o internacional para evaluar la puntualidad, la atención del personal de a bordo, la limpieza del avión, la calidad de los refrigerios y demás servicios, etc. Dicha evaluación debería terminar en el momento en que el pasajero recoja sus maletas y se retire del aeropuerto. En el caso de un servicio de educación, el comprador incógnito podría matricularse como alumno regular y vivir durante todo un semestre la experiencia del servicio, o de manera parcial durante una o dos semanas solamente. De igual manera se puede llevar a cabo para cada servicio particular.

La principal ventaja que tiene la técnica del comprador incógnito es que esta se hace en un ambiente natural, en donde hay total espontaneidad de los prestadores del servicio que ignoran que están siendo observados y evaluados, lo cual permite que actúen de manera natural y espontánea, tal cual lo harían con un cliente cualquiera en una situación cotidiana de su trabajo. Hay ocasiones en que las auditorías son anunciadas con anterioridad a los empleados de manera general, sin que sepan cuándo van a recibir la visita del comprador incógnito. En este caso la auditoría puede tener otra ventaja, ya que motiva a la gente a esmerarse por prestar un excelente servicio, pero se pierde el valor de la sorpresa y con el tiempo la gente se desanima y tiende a bajar la guardia. Por eso es recomendable que la auditoría se conozca dentro de la organización como una actividad permanente pero que no está asociada a una época en especial.

Dentro de las principales desventajas se pueden resaltar los altos costos que implica hacer pasar a una persona por cliente, que en ocasiones debe incurrir en la compra del producto o servicio. Otra limitante importante es el tiempo, por cuanto la técnica demanda, en muchos casos, que el comprador dedique bastantes horas para estar en contacto con un servicio o parte de él, por ejemplo hacer una fila en una oficina del Estado, en donde generalmente hay que esperar mucho tiempo.

Otra desventaja importante es que, para poder hacer una inferencia sobre toda una compañía, sería necesario repetir la observación muchas veces para poder garantizar que se tiene representatividad. Como ya se sugirió, no hay que descartar que cuando una persona está prestando un servicio, en un momento preciso, puede estar afectada por factores personales o ambientales que la lleven a presentar un fallo que no es habitual en ella. Adicionalmente, es posible que algún proveedor externo de este servicio, es decir, que ofrezca el servicio de cliente incógnito, busque la manera de propiciar situaciones negativas para poder justificar su trabajo, lo cual no corresponde a una posición objetiva ni ética.

11.6.   Otros usos del comprador incógnito

El cliente incógnito, además de servir como un medio para auditar el nivel de servicio prestado, también sirve para recoger información de la competencia (inteligencia comercial). Con este método se pueden recoger cotizaciones y material promocional y publicitario, e incluso se puede usar para evaluar el servicio de la competencia, tal como se hace con el propio.

Otra aplicación de la herramienta es la promoción de ventas. Por ejemplo, hace unos años, una empresa multinacional de elementos de escritura se propuso como objetivo quitarle participación a la marca líder en el segmento de bolígrafos de bajo precio, para lo cual se programó un cliente incógnito en todas las papelerías a nivel nacional. Se contrató a una persona que viajó a todas las capitales del país actuando como comprador incógnito, y su papel consistía en ir a las papelerías y librerías y solicitar un lapicero, sin aludir a marca alguna: si el vendedor de mostrador ofrecía la marca de la empresa que estaba haciendo la actividad promocional, se le entregaba dinero en efectivo y una boleta para participar en la rifa de un plan turístico con tiquetes, hotel y viáticos incluidos; por el contrario, si ofrecía una marca de la competencia, se le entregaba un volante donde le indicaba que había perdido la oportunidad de ganar un premio por no promocionar la marca. Esta actividad tuvo un impacto positivo, ya que junto con otras estrategias se logró quitarle participación importante a la competencia y posicionar muy bien el producto en el mercado.

En otra ocasión, una empresa realizó una investigación mediante el uso del cliente incógnito en el sector de la salud visual para establecer un modelo de venta ideal para una cadena de ópticas. Para tal efecto se visitaron varias ópticas, observando el procedimiento utilizado por los vendedores, para posteriormente hacer un análisis de la forma en que cada uno de ellos adelantaba su proceso de ventas.

CAPÍTULO 12

VADEMÉCUM ESTRATÉGICO

En los negocios, como en el campo de batalla, el objetivo de una estrategia consiste en aproximarse a las condiciones más favorables a nuestro bando, juzgando con precisión el momento oportuno para atacar o retirarse y evaluando siempre con corrección los límites de compromiso. Además de la costumbre de analizar, caracteriza la mente del estratega la elasticidad o flexibilidad intelectual que le permite encontrar respuestas realistas a situaciones cambiantes, no simplemente discriminar con gran precisión entre varios tonos de grises.

Kenichi Ohmae

Tener un plan de marketing no es garantía de que las cosas van a salir bien; es necesario que la persona que esté haciendo un proceso de planificación tenga un conocimiento mínimo de unos elementos de orden estratégico que le permitan desarrollarlo, no desde la intuición sino desde una propuesta conceptual que le brinde posibilidades para escoger aquellas que se acomodan a la realidad de la empresa para la cual está haciendo la planificación. Este capítulo muestra una serie de propuestas de diversos autores que comparten algunos elementos y divergen en otros; lo importante es que tanto estudiantes como empresarios tengan a su disposición un abanico amplio de posibilidades, que les permitan asumir una serie de posturas estratégicas en la conducción de su empresa y especialmente del área de marketing.

El proceso de planificación estratégica de marketing debe terminar en la selección de un camino por seguir, es decir, la selección de una estrategia, pues al fin y al cabo definir una estrategia significa descartar otros posibles caminos. Como bien lo anota Porter (1987), el proceso estratégico es un proceso de descarte de posibilidades o vías posibles para terminar en la elección de una. Por tanto, se asume una postura estratégica luego de que se han estudiado muchas y se han analizado los elementos positivos y negativos de cada una de ellas, y se escoge la que mejor se acomoda a las características de la empresa en un lugar y un momento dados. No en vano, al inicio del libro se ha definido la estrategia como un vestido a medida.

Por todo lo anterior es importante tener unos elementos conceptuales que ayuden a la empresa y a quien esté generando procesos de planificación estratégica de marketing a visualizar los posibles caminos que se tienen para seleccionar la estrategia por seguir. No quiere decir, sin embargo, que se estén suministrando fórmulas mágicas que se deben acatar al pie de la letra de manera instrumental; lo que se pretende es simplemente dotar a los lectores de esos elementos conceptuales que le van a permitir fortalecer su criterio estratégico. Hay muchas propuestas estratégicas, pero aquí han sido seleccionadas aquellas que se usan con más frecuencia y que han tenido aceptación a nivel general.

12.1. Estrategias genéricas de Porter

Porter (1987) afirma que una empresa debe desarrollar una ventaja competitiva, la cual se puede obtener mediante la selección de una estrategia dentro de tres posibilidades (figura 13): puede optar por ser el *líder en costos*, es decir, ser aquella empresa dentro de un mercado global que tiene los costos de producción más bajos, lo que le permite dos cosas: trasladar este costo al consumidor, apareciendo con el precio más bajo del mercado, o simplemente aumentar los niveles de beneficio de la empresa. Ser el más barato es la elección de la mayoría de empresas que seleccionan una estrategia de liderazgo en costos.

La fuente de este liderazgo se puede fundamentar en diversos aspectos, como tener acceso privilegiado a materias primas, por ejemplo, cuando una siderúrgica es propietaria de yacimientos de hierro con un alto contenido de este, o cuando una empresa que fabrica aguas de mesa tiene acceso a fuentes de agua naturales. Otra fuente importante para el liderazgo en costos es tener acceso a mano de obra barata, como sucede hoy con el mercado chino. Esta ventaja no tiene potencial a largo plazo en tanto las leyes laborales y las condiciones sociales que soportan dicha condición pueden cambiar de un momento a otro, sin que las empresas puedan hacer nada para impedir estos cambios más allá de buscar otras fuentes de mano de obra barata. La ventaja en costos también se obtiene de haber alcanzado una curva de experiencia amplia que permite obtener economías de escala en los procesos de abastecimiento y producción. El problema de esta estrategia es que solo una empresa del mercado puede lograrlo, según plantea Porter (1997).

La otra alternativa estratégica es la *diferenciación*, que consiste en tener una oferta de valor que se aparta en lo fundamental de la competencia. La diferenciación se puede obtener de varias fuentes: la primera es el producto, uno debidamente diferenciado en cuanto a características, componentes, funcionalidad, *packaging*, etc. Esta fuente de diferenciación tiene vocación de corto plazo porque las diferencias entre productos son cada día menores por diversas razones: por ejemplo, la posibilidad de encontrar en el mercado maquiladores dispuestos a transferir su *know how* a los productos que maquilan. Hoy en día también es fácil adquirir la tecnología que usa la competencia para fabricar productos con similares condiciones, pues en definitiva la brecha tecnológica entre marcas se ha reducido substancialmente. Basta mencionar el mercado de los teléfonos inteligentes, en donde Apple hasta hace pocos años era muy lejos el líder tecnológico de la categoría, posición que se ha venido debilitando con el tiempo, con la aparición de marcas como Samsung y Huawei, que ofrecen productos muy cercanos a Apple.

El modelo de negocio es otra fuente de diferenciación, tal como lo hicieron en su momento Dell ofreciendo computadores sobre demanda sin intermediarios o Amway, quien se convirtió en el líder de venta mediante el sistema multinivel.

A raíz de la consolidación de nuevas tecnologías existen empresas que mediante modelos de negocio diferentes se han convertido en grandes líderes en los mercados en que compiten sin par como Amazon, el gigante del comercio electrónico, Uber, quien innovó la industria del transporte individual de pasajeros, Airbnb, quien cambió el paradigma de la hotelería, o Netflix, que tiene temblando a la televisión por cable y a la satelital.

Figura 13. Estrategias genéricas de Porter

		Producto Servicio Imagen Personas Modelo de negocio Innovación Marca
Liderazgo en costos	Diferenciación	
Enfoque en costos	Enfoque en diferenciación	

Fuente: adaptado de Porter (1987)

Otra manera de diferenciarse es mediante el personal: por ejemplo, una escuela de capoeira con profesores brasileros, una academia de idiomas con docentes nativos, un taller de automóviles marca BMW con mecánicos alemanes o por lo menos formados en Alemania, una escuela que prepara a los alumnos para entrar a estudiar a la Universidad de Ingeniería con profesores que enseñan en dicha universidad, etc., son ejemplos de este tipo de diferenciación.

La imagen de los puntos de venta, de la publicidad, de los funcionarios, entre otras, es otra manera de diferenciarse de la competencia en el mercado. Esta fuente de ventaja competitiva tiene también vocación a corto plazo.

El servicio prestado por una compañía es otra forma de diferenciarse, pues se relaciona con la manera en que la empresa responde a sus clientes y cómo los empleados entregan valor a estos mediante los contactos que establecen con ellos en cada momento (Hrebiniak, 2007). Copiar el nivel de servicio de una empresa no es fácil por cuanto esto requiere de una cultura, unos procesos y unas personas debidamente seleccionadas, capacitadas y motivadas.

La mejor manera de diferenciarse hoy en día es la marca; cuando se tiene una marca fuerte se tiene identidad en el mercado y diferenciación frente a la competencia, y se pueden obtener mayores márgenes frente a esta. Por tanto, la marca es la fuente de ventaja competitiva con mayor vocación a largo plazo. Construir una marca fuerte debe constituirse en la preocupación estratégica más importante de la gerencia de marketing como se señalaba al inicio del libro (Hoyos R. , 2016).

La tercera opción estratégica, desde la perspectiva de Porter (1987), es el *enfoque*, o segmentación, que consiste en seleccionar una parte pequeña del mercado (segmentos o nichos) y volverse fuerte en dicho segmento, desplegando una estrategia de liderazgo en costos o diferenciación bajo las condiciones explicadas anteriormente para estos dos aspectos. El enfoque es un camino estratégico adecuado para las empresas pequeñas que no tienen recursos suficientes para competir en el mercado total.

12.2. Estrategias de guerra

Esta estrategia plantea que una empresa puede ocupar cuatro posibles posiciones en un mercado: líder, seguidor (segundo o tercero en participación), tener una posición rezagada con respecto a los tres primeros del mercado o simplemente tener una participación muy pequeña que no le permite figurar dentro de los grandes actores del mercado (tabla 19). El principio de este planteamiento estratégico es que una empresa debe primero saber qué puesto ocupa en el mercado y actuar según la posición ocupada, lo que le brindará unas mayores probabilidades de tener éxito.

Cada posición competitiva determina el comportamiento de la empresa, de tal manera que al líder le corresponde desarrollar una *estrategia defensiva*, al seguidor, una *estrategia ofensiva*, al que ocupa una posición intermedia en el mercado, una *estrategia de flanqueo*, y a la empresa que tiene una participación muy pequeña, una *estrategia de guerra de guerrillas* (Ries & Trout, 1986a).

La estrategia *defensiva* obliga al líder a bloquear cualquier movimiento de la competencia y, por otro lado, lo obliga a atacarse a sí mismo, es decir, debe estar innovando permanentemente, corriendo una carrera contra el seguidor. La innovación se puede llevar al nivel de lo que se conoce como obsolescencia programada, en la que una empresa líder vuelve obsoleta anticipadamente la versión más reciente de un producto para evitar que los copiadores entreguen de manera rápida imitaciones al mercado. Esto, a mediano plazo, disuade a los competidores, por lo menos a los más pequeños, que no tendrán el músculo financiero para estar copiando permanentemente lo que hace el líder. La innovación por parte del líder puede darse no solo a nivel de producto, sino de otros elementos como la publicidad, los medios de comercialización, etc.

Tabla 18. Estrategias de guerra

Estrategia	Puesto en el mercado	Principios generales	Variables
Defensiva	Líder	• Atacarse a sí mismo • Bloquear los movimientos de la competencia	• Nuevos productos • Obsolescencia programada • Innovación
Ofensiva	Segundo o tercer lugar	• Atacar el punto fuerte del líder • Concentrar el ataque en un punto muy reducido	• Servicio lento • Burocracia administrativa • Retraso en la toma de decisiones
Flanqueo	Cuarto lugar para abajo	• Buscar un área no disputada • Atacar por sorpresa • Ser persistentes con los éxitos	• Precios bajos • Precios altos • Volumen (pequeño/grande) • Distribución • Forma de producto • Componentes del producto
Guerra de guerrillas	Participación muy pequeña	• Capturar un segmento muy pequeño • No actuar como líder • Estar preparado para la retirada	Guerrillas: • Geográficas • Demográficas • Por sectores industriales • Producto único

Fuente: Ries y Trout (1986).

La estrategia *ofensiva* obliga, a la empresa que la emprende, a atacar directamente al líder en su punto débil —un líder muy fuerte en algún aspecto es por lo regular débil en otro—. La empresa grande es lenta en la toma de decisiones, es burocrática, presta un servicio en ocasiones deficiente y se desinteresa de los clientes pequeños; incluso en ocasiones, cuando tiene una porción muy grande del mercado, se olvida de la calidad y puede llegar a abusar de los precios. Es allí donde debe actuar el seguidor. Si el líder presta un buen servicio, el segundo debe montar una estrategia de servicio muy eficiente; si el líder descuida la calidad de los productos y abusa del precio, el seguidor debe entregar al mercado un buen producto a un precio racional, y así sucesivamente.

La opción estratégica de *flanqueo* consiste en cubrir un mercado que no ha sido tocado por nadie, es decir, capturar un territorio que nadie ha capturado antes, colonizar un segmento o un nicho que otros no han querido atender o que no han visto como una posibilidad. Esta opción estratégica recomienda ser el "más". La estrategia de flanqueo se logra mediante la diferenciación por precio (el más barato o el más caro), por volumen del producto, por distribución, por forma o por componentes del producto.

La opción estratégica de *guerra de guerrillas*, recomendada para empresas con una participación de mercado pequeña, hace referencia a buscar un mercado pequeño, generalmente desatendido o mal atendido por los competidores fuertes del mercado, y volverse fuerte en él. La guerra de guerrillas puede jugarse mediante guerrillas geográficas, demográficas, sectores industriales o mediante un producto único. La empresa que opte por este camino estratégico debe estar preparada para huir del mercado cuando los líderes lleguen allí, porque mediante la rebaja de precios y el aumento de los plazos de pago el líder puede acabar con un competidor pequeño.

12.3. Estrategias de crecimiento (matriz de Igor Ansoff)

Esta matriz, como las anteriores, aunque se refiere a temas más orientados a la estrategia global de la compañía, puede servir para afinar el criterio estratégico de un empresario o un ejecutivo de marketing. La matriz se aplica a momentos en los que se debe decidir cómo buscar crecimiento para la empresa sobre la cual se está haciendo el análisis (figura 14). Ofrece cuatro opciones o caminos por seguir. La *penetración* es una estrategia que consiste en venderles a los mismos más de lo mismo, lo que significa que los compradores habituales de una marca compren más producto mediante diversas tácticas como reducción de precio, promociones de ventas o más presencia de producto en el mercado (más distribución).

También se puede lograr más penetración generando hábitos de consumo diferentes, como es el caso de Alka-Seltzer, que mediante la publicidad ha tratado de habituar a los consumidores a consumir dos pastillas por ocasión de uso. Otro caso es el de las cremas dentales, que mediante la comunicación buscan que la gente aplique cantidades superiores de dentífrico, mostrando en sus comerciales al modelo llenando toda la superficie del cepillo con producto.

La siguiente estrategia dentro de la matriz de Ansoff, la de *desarrollo de mercados*, consiste en lograr más ventas llegando a nuevos mercados con los productos que actualmente comercializa la compañía. La idea es que el empresario salga a venderles a nuevos mercados geográficos (otros barrios, otros pueblos, otras ciudades u otros países). Otra forma de expansión es la demográfica, que consiste en tratar de vender los productos actuales a mercados diferentes en términos de edades y géneros, principalmente. Finalmente, también es posible desarrollar mercados mediante una expansión psicográfica, esto es, llegar a personas con características muy particulares de personalidad y estilos de vida.

Figura 14. Estrategias de crecimiento (matriz de Igor Ansoff)

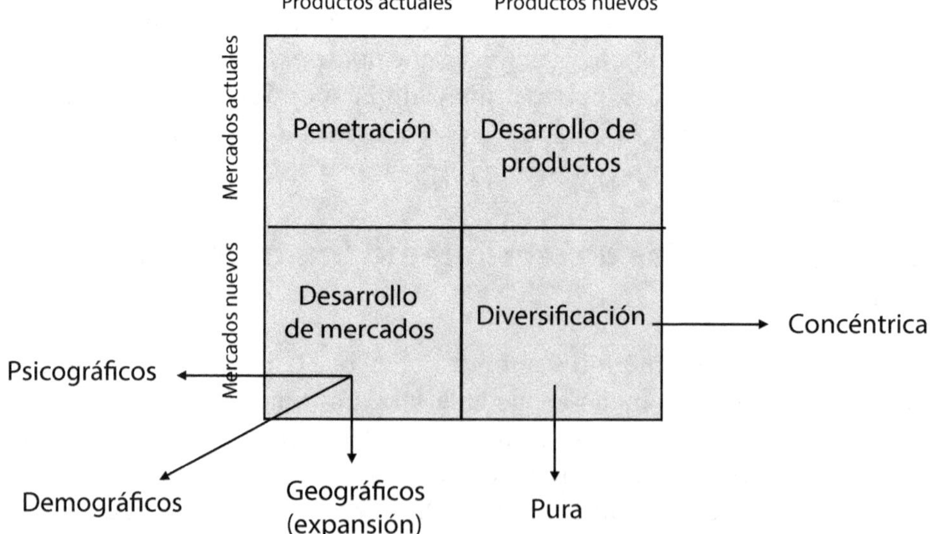

Fuente: adaptada de Guiltinan y Madden (1998).

La tercera posibilidad estratégica desde Ansoff es el *desarrollo de productos*, lo que significa que se pueden desarrollar nuevos productos para vender a los consumidores actuales. Esta es una posibilidad interesante, ya que se parte del supuesto de que los clientes actuales aceptarán con gusto las nuevas propuestas de productos que se les hagan; un cliente satisfecho con una empresa siempre estará dispuesto a comprarle otros productos a esta. Aquí la condición primordial es que se tenga una base de clientes debidamente fidelizada.

La cuarta posibilidad estratégica es la *diversificación*, dada cuando una empresa encuentra como posible salida incursionar en otros negocios, por lo que se puede acudir entonces a una diversificación concéntrica o a una diversificación pura. La primera significa que la empresa desarrolla nuevos productos para nuevos mercados utilizando su *know how* (saber hacer): por ejemplo, una empresa que fabrica utensilios plásticos para el hogar puede decidir incursionar en el negocio de juguetes plásticos para niños. El *know how* en este caso es la competencia que tiene la empresa en la transformación de plásticos. Por su parte, la diversificación pura significa que la empresa decide incursionar fabricando productos totalmente diferentes a los que fabrica actualmente para ofrecérselos a mercados que no está cubriendo. En el ejemplo anterior, el de la empresa de utensilios plásticos para el hogar, la diversificación podrá darse cuando esta empresa decide fabricar ropa industrial, un producto que no tiene relación tecnológica ni de otro orden con los productos que fabrica actualmente.

12.4. Estrategias derivadas de la posición relativa

En marketing no existen fórmulas mágicas para conseguir los objetivos fijados. Cada empresa, cada producto, cada marca de manera particular en cada momento y situación debe diseñar una estrategia que se acomode a las circunstancias que se presenten en el momento de la planificación. De nada vale copiar estrategias que han funcionado para otras marcas o empresas, o que han funcionado en otras ocasiones; siempre se debe partir de un análisis exhaustivo, como se presenta en este libro, para luego escoger el camino estratégico que más se acomode a la situación. En este segmento del capítulo se presentan unas estrategias que se aplican según la participación que tiene una marca en un mercado. La idea es que el empresario sea consciente de dicha posición y actúe como tal; lo peor que puede pasar es escoger estrategias que no corresponden al tamaño de cada compañía o de cada marca.

De acuerdo con la participación relativa sobre las ventas en la categoría en donde compite una empresa, esta ostenta una posición: puede ser *líder*, *retador*, *seguidor* o *especialista de nicho*. Hipotéticamente hablando, un líder puede tener una participación cercana al 40%, un retador, una cercana al 30%, un seguidor, una cercana al 20%, y un nichero puede tener una participación que no pasa del 10% (Kotler, Cámara, Grande & Cruz, 2000). Estas participaciones, como se decía, son hipotéticas porque la realidad en el mercado es otra; sin embargo, los porcentajes aquí presentados corresponden a posiciones posibles en el mercado. Esta propuesta estratégica coincide en algunos planteamientos con las estrategias de guerra presentadas en este mismo capítulo.

Aquí vale la pena comentar que pocas empresas se toman el trabajo de escoger a quién le van a quitar la participación de mercado que ellas quieren ganar. Estas deberían, después de analizar el mercado, escoger al líder, o a un seguidor, o a un competidor muy pequeño para quitarle ese mercado que se quiere ganar, y no salir al mercado a quitarle participación a cualquiera sin foco alguno.

12.4.1. Estrategias del líder

Un líder en un mercado es aquel que tiene la mayor participación sobre las ventas con respecto a sus competidores. Este tiene tres posibilidades: la expansión del mercado total, la defensa de la participación ostentada y la expansión o el aumento de la participación (Kotler, Cámara, Grande & Cruz, 2000).

Figura 15. Estrategias del líder

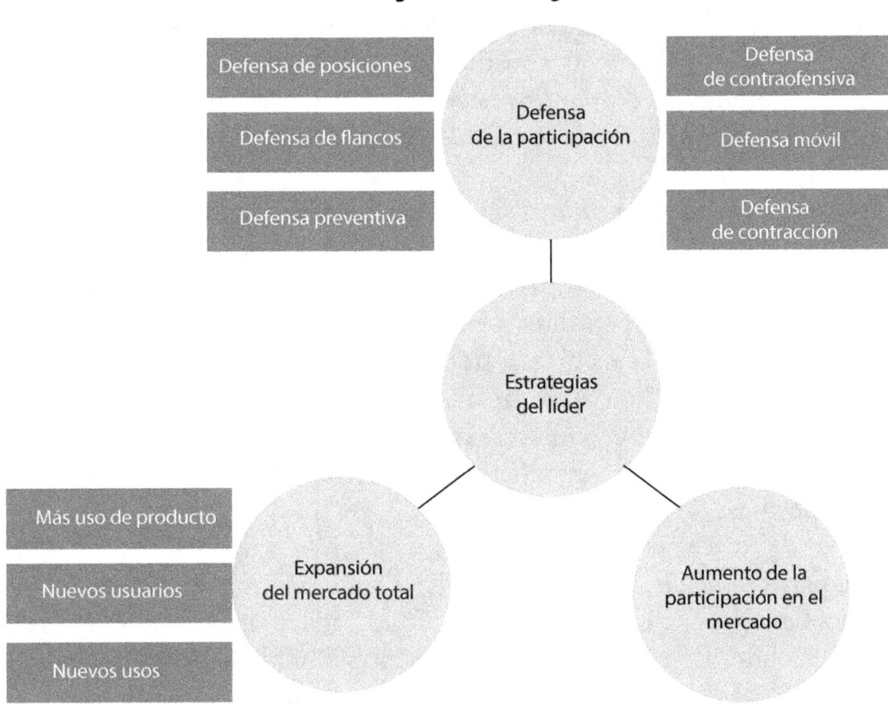

Fuente: adaptada de Kotler, Cámara, Grande y Cruz (2000).

Como se muestra en la figura 15, la *expansión del mercado total* en realidad no es una opción para el líder, sino una obligación. Esto es así porque, cuando una empresa tiene una participación muy alta, todo crecimiento del mercado se verá reflejado en la proporción que tienen todos los jugadores en él. Supóngase que una empresa tiene un 65% de participación en un mercado y mediante una serie de estrategias logra que este crezca en 100.000 unidades; se supone que el líder del mercado venderá 65.000 de esas 100.000 unidades dada su participación y, por tanto, será el más beneficiado.

La expansión del mercado se puede dar mediante tres estrategias. La primera hace referencia a traer *nuevos usuarios* a la categoría. Esto es lo que hacen muchas empresas de consumo que intentan que los jóvenes empiecen a usar su productos por primera vez. Lo anterior se logra mediante un trabajo publicitario y promocional intensivo acompañado de un proceso tendiente a educar al mercado. La entrega de muestras gratuitas *(sampling)* es una táctica que resulta útil para este caso. Otra posibilidad es buscar que los consumidores habituales *compren más producto*. La tercera manera de expandir el mercado total es encontrar *nuevos usos* para los productos. No es tarea fácil, pues las empresas deben hacer investigación profunda para ello; pueden acudir a la realización de seudoetnografías a través de las cuales, mediante la observación participante, se puede ver al consumidor interactuando con el producto, dando la posibilidad de descubrir nuevos usos. Para esto pueden ser útiles las sesiones de grupo *(focus group)* o también las encuestas.

La *expansión de la participación del mercado* se refiere a la estrategia con la que se busca quitarle mercado a la competencia actual. En este caso la marca debe escoger a quién le quiere robar participación y actuar en concordancia. Quitar participación a los competidores se logra mediante programas orientados a usuarios de marcas específicas ofreciéndoles aquello que sus marcas no les ofrecen, por ejemplo, dando un mejor servicio, aumentando la calidad percibida, reduciendo el precio. Es factible que para desplegar esta estrategia se recurra al desarrollo de productos a la medida de los consumidores de marcas específicas de la competencia.

Por otra parte, la *defensa de la participación,* más que una opción estratégica, es una obligación, ya que resulta obvio que cada marca debe defender el mercado ganado. Una compañía tiene cinco posibilidades para defender su participación. Mediante la *defensa de la posición* lo que se hace es cerrar todas las posibilidades para la competencia. Se busca ser eficiente, en el aspecto logístico, para mantener unos costos controlados que permitan ofrecer un precio competitivo. Además, hay que ofrecer excelencia en el servicio y en la calidad, y se debe mantener un nivel adecuado de comunicación con el mercado para tener la marca en la mente y el corazón de los consumidores.

Otra manera de mantener la participación es la *defensa de flancos* o flanqueo. Un flanco, para este caso, es un segmento poco importante con la posibilidad de convertirse en un mercado importante que podría debilitar el poder del líder. La idea es que el líder desarrolle extensiones de línea (nuevas versiones de producto) o marcas en segmentos que podrían ser ocupados por competidores. La extensión de línea hace referencia a que la marca lance al mercado nuevos sabores, nuevas presentaciones o nuevos tamaños de producto para que no haya posibilidad de que entren competidores a ofrecer opciones que los pueden volver fuertes en el mercado. También dentro de este contexto se pueden desarrollar marcas que cubran segmentos que no cubre la marca líder. Así, es común en consumo masivo ver que un líder ofrezca una marca de jabón para un segmento medio alto y otra para un segmento medio bajo con el objetivo de cubrir el mercado y evitar que otros competidores cubran esos mercados. El flanqueo en este caso puede entenderse como una manera de blindarse con el desarrollo de nuevas versiones de producto y nuevas marcas.

Defender posiciones se puede lograr también mediante la *defensa preventiva*, que se puede entender con la famosa frase que dice que la mejor defensa es el ataque. Esto significa que es obligación del líder mover el mercado permanentemente mediante diferentes acciones que tengan preocupada a la competencia, lo cual se logra mediante guerras de precios, actividades promocionales y lanzamiento de productos especialmente.

Otra estrategia que se puede adoptar es una defensa *contraofensiva*, lo que significa que el líder, como se enunciaba en el apartado de estrategias de guerra, tiene la obligación de devolver cualquier golpe que le dé la competencia para recordarle al mercado quién es el líder.

La *defensa móvil* es otra posibilidad estratégica de una defensa de la participación de una marca líder, que se puede dar mediante dos variantes: una es la ampliación del mercado, o ampliación de la necesidad cubierta, referente a que una empresa aumenta el alcance de sus productos: si inicialmente vende pisos, puede orientarse a ofrecer productos para el embellecimiento del hogar, pasando de cubrir una necesidad muy específica a cubrir una más genérica o una más completa. Otra manera de aplicar la defensa móvil es la diversificación, estrategia ya tratada en el apartado de las estrategias de crecimiento.

La última estrategia de defensa de la participación es la *defensa por contracción*, o retirada estratégica, donde se recurre a abandonar mercados débiles. Esto permite consolidarse en una parte del mercado que se puede defender de manera adecuada.

12.4.2. ESTRATEGIAS DEL RETADOR

Para la empresa que decide fungir como retador, el único camino que le queda es atacar. Esto lo puede hacer mediante cinco estrategias diferentes: el ataque frontal, el ataque envolvente, el ataque de desvío, el ataque guerrillero y el flanqueo (figura 16).

En el *ataque frontal* el retador dirige todos sus esfuerzos a atacar al líder en sus puntos fuertes mediante el uso de los elementos del *mix* de marketing. Aquí se debe tener cuidado porque el éxito depende de la cantidad de recursos disponibles para sostener un enfrentamiento con el líder, y si no se tiene un músculo financiero adecuado, es mejor no atacar porque el líder en poco tiempo puede acabar con una compañía que no respalda su ataque con unos recursos financieros abundantes. El líder suele defenderse de intrusos en sus territorios mediante grandes descuentos, ampliación de los términos de pago a los canales y promociones, condiciones que no pueden sostener muchos competidores.

Figura 16. Estrategias del retador

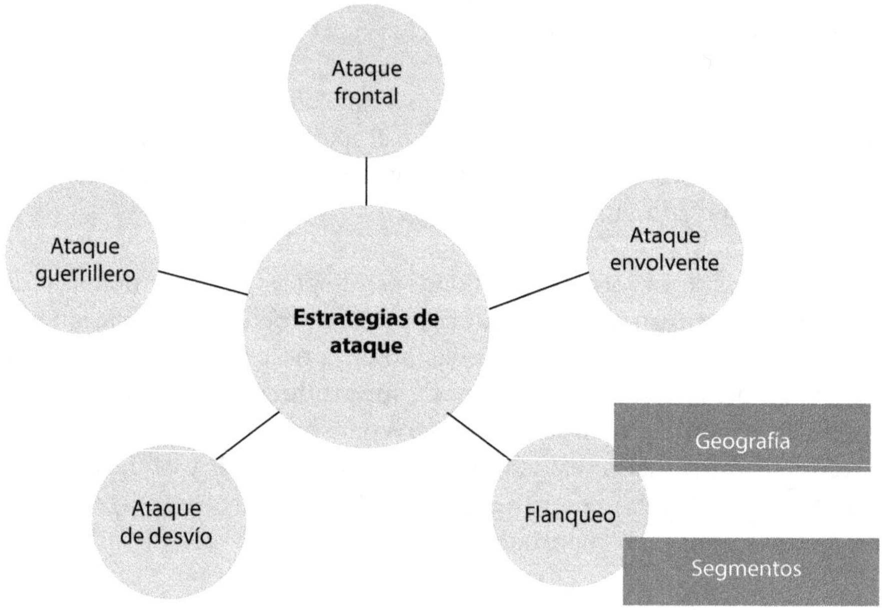

Fuente: adaptada de Kotler, Cámara, Grande y Cruz (2000).

El *ataque por los flancos* es otra posibilidad estratégica del retador. Como ya se había explicado, un flanco es un "espacio" descubierto, o más bien no cubierto por el líder en su estrategia principal, y puede convertirse en la posibilidad para un competidor. Se flanquea a través de productos que no existen, los cuales generalmente están en los extremos del mercado: se puede flanquear con el producto más caro del mercado o el más barato, con diseños de producto novedosos, con el tamaño del producto, con la forma del producto o los componentes de este. También se flanquea con distribución, buscando un medio alternativo para hacer llegar el producto a manos del consumidor: por ejemplo, las frutas a través de dispensadores fue una forma de flanquear que alguna vez utilizó Surtifruver, o el caso de Pernod Ricard, titular de marcas tan famosas como Chivas Regal, Absolut, Dubonnet, que en 2014 implementó la venta de sus licores mediante el sistema multinivel, programa que exportó a otros países (Pérez, 2014).

El *ataque por desvío* realmente no es una forma de ataque, sino una manera de avanzar sin encontrarse con el competidor. Aquí lo que se hace es no confrontar a la marca líder mediante tres posibles movimientos: la diversificación pura, es decir, mediante productos no relacionados; llegar a nuevos mercados geográficos; o pasar a nuevas tecnologías para sustituir los productos que se manejan actualmente y ponerse a tono con las tendencias del mercado.

El *ataque guerrillero*, movimiento estratégico adecuado para jugadores muy pequeños, consiste en ubicar una parte del mercado muy pequeña y lanzar ataques esporádicos hasta consolidarse en un determinado territorio. La condición aquí es buscar un territorio mal atendido por el líder que no le interese defender. Este ataque se da mediante recortes selectivos de precios y campañas promocionales fuertes.

El *ataque envolvente* consiste en atacar al líder en un mercado en varios frentes, de tal manera que no tenga opción de contestar todos los ataques. El propósito es lanzar campañas en diferentes momentos, lanzar varios productos, realizar diversas actividades promocionales y relacionales. Es requisito para esta estrategia tener un músculo financiero suficiente para garantizar que el líder no va a poder resistir los ataques. En el comercio es posible encontrar esta estrategia cuando un comerciante coloca varios puntos de venta con marcas diferentes, generalmente en una misma zona geográfica, con el objetivo de vender a la mayor cantidad de consumidores, los cuales irán cotizando de tienda en tienda y comprarán en la que les ofrezca mejor precio, mejor producto o mejor surtido. En este caso el comerciante que más puntos de venta tenga será el que tenga mayores probabilidades de vender.

12.4.3.   Estrategias del seguidor

El seguidor es el que ocupa una posición muy pequeña y no le queda otra opción que aplicar una estrategia *me too*[28] (figura 17). Este movimiento estratégico se puede concretar mediante tres opciones: la primera es actuar como *clon*, es decir, copiar exactamente a la competencia. Aunque es ilegal, ha sido asumido por muchos fabricantes en China que han llegado a clonar hasta automóviles Rolls-Royce. Esta estrategia, ilegal desde cualquier punto de vista, tiene para el fabricante un beneficio a largo plazo, y es que se produce una transferencia de tecnología, lo cual lo llevará a ser un buen competidor en el futuro cuando decida hacer las cosas legalmente.

---

28   Se traduce como "yo también".

Un seguidor puede optar también por una estrategia de *imitador,* esto es, cuando la marca copia algunas características del líder pero construye y mantiene unas diferencias importantes frente a la competencia que pueden darse a través del empaque, la publicidad o cualquier otro elemento del *mix* de marketing.

La última posibilidad para el seguidor es asumir una postura de *adaptador,* la cual se da cuando la marca toma como base los productos del líder y les modifica variables importantes para venderlos, especialmente en mercados donde no opera el primero. También los puede vender en los mercados donde opera líder.

Figura 17. Estrategias del seguidor

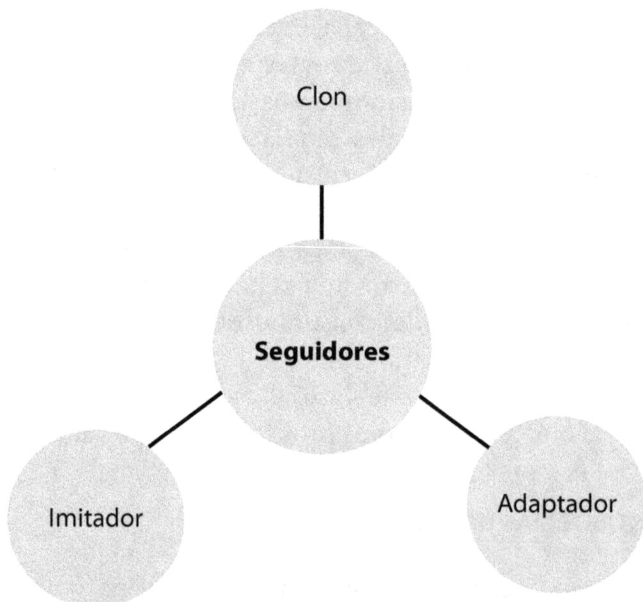

Fuente: adaptada de Kotler, Cámara, Grande y Cruz (2000)

12.4.4. ESTRATEGIA PARA ESPECIALISTA EN NICHOS

Esta estrategia es apropiada para una marca pequeña, y consiste en escoger un mercado muy pequeño (nicho) y volverse fuerte a través de una oferta altamente diferenciada, con productos *premium* y un alto valor agregado, lo cual permitirá cobrar precios más altos, ofrecer soluciones de producto a la medida (masificación personalizada) y, por tanto, obtener márgenes más altos.

La estrategia de nicheros se asimila a la estrategia de enfoque presentada en las estrategias genéricas de Porter.

12.5. Estrategias de consolidación

El ideal de una empresa es crecer, vender más, tener más cobertura y mostrar siempre mejores indicadores. Lamentablemente, esto no siempre es posible debido a que la empresa debe considerar que, en ocasiones, es mejor consolidar su posición que tratar de crecer cuando las condiciones económicas o competitivas no lo permiten. Para tal efecto, puede acudir a tres estrategias (figura 18), que son el *atrincheramiento*, consistente en replegarse a los mercados donde se es más fuerte; la *retirada de productos*, que como su nombre lo indica implica "desinvertir" en aquellas líneas y marcas que no dan la rentabilidad esperada para el negocio; y el último movimiento estratégico es el de *retirada del negocio*, lo cual no significa otra cosa que vender una unidad estratégica de negocios completa para enfocarse en los negocios más rentables (Guiltinan & Madden, 1998).

Figura 18. Estrategias de consolidación

Fuente: adaptada de Guiltinan y Madden (1998)

REFERENCIAS

Andrews, K. (1984). *El concepto de estrategia de empresa*. España: Orbis.

Arango, T. (7 de Noviembre de 2013). La historia de la fábrica de juguetes que convirtió a Rimax en un genérico para sillas. *La República*.

Barker, J. A. (1996). *Paradigmas*. Colombia: McGraw Hill.

Beltran, J. (1999). *Indicadores de Gestión*. Colombia: Editorial 3R.

Clark, B. H. (2001). A summary of thinking on measuring the value of marketing,. *ournal of targeting, measuring and analysis for marketing,*, 9, 357-369.

Davis, J. (2006). *Measuring Marketing. 103 Key metrics Every Marketer Needs*. Singapore: John Wiley & Sons.

Díaz, V. P. (8 de Marzo de 2014). Innovación y competencia han aumentado en 431% consumo de té embotellado en 5 años. *La Republica*.

Dominguez, A. M. (2010). *Métricas de marketing*. España: Alfaomega-Esic.

Druker, P. (2002). *El management*. Argentina: Suramericana.

Farlell, M. (2002). A Critique of the Development of Alternative Measures of Market Orientation. ,. *Marketing Bulletin, 13*(3).

Ferrell, O., & Hartline, M. (2015). *Marketing strategy. Text and Cases*. Estados Unidos de América: South-Western Cengage Learning.

Ford, R., & Heaton, C. (2001). *Atención al cliente en los servicios de ocio*. Madrid: Paraninfo, Thomas Learning.

Forero, S. (2017). Sistemas de información de mercadeo. En S. Forero, *Fundamentos de Mercadeo* (págs. 65-92). Bogotá.: Ecoe Ediciones. Universidad Santo Tomás.

Fred, L. (2003). The effect of market orientation on positional advantage and organizational performance. *JOURNAL OF STRATEGIC MARKETING*, *11*, 93–115.

Freemantle, D. (1988). *Lo que le gusta a los consumidores de su marca*. España : Editorial Deusto.

Galván, P. (2004). *Cómo construir una estrategia de marketing viral.* España: HBR, Ediciones Deusto.

Gómez, J. (2011). *El maravilloso mundo del marketing.* Bogotá: Universidad Sergio Arboleda.

Grande, I. (1996). *Fundamentos y técnicas de investigación comercial.* Madrid: Esic.

Guiltinan, J., P, G. W., & Madden, T. (1998). *Gerencia de Marketing* (6 ed.). Colombia: McGraw Hill.

Hermida, J., Serra, R., & Kastika, E. (1992). *Administración y estrategia. Teoría y práctica.* Buenos Aires: Macchi.

Herrera, C. (22 de Abril de 2016). Los pecados al hacer proyecciones de mercado en Colombia. *La República.*

Hoyos, R. (2016). *Branding: el arte de Marcar Corazones.* Colombia: Ecoe Ediciones.

Hoyos, R. (2018). *Branding y Brand Equity.* Bogotá: Politécnico Grancolombiano.

Hrebiniak, L. (2007). *Asegurese de que la estrategia funcione.* Colombia: Grupo Editorial Norma.

Instituto de Empresa. (2001). *Consultor para la dirección comercial y de Marketing.* Valencia: Instituto de Empresa.

Juliao, D. (2016). Marketing estratégico: el punto de partida. En M. Girldo Oliveros, & D. Juliao Esparragoza, *Gerencia de Marketing* (págs. 3-26). Barranquilla: Ecoe Ediciones. Universidad del norte.

Kasriel-Alexander, D. (2017). *Las 10 principales tendencias globales de consumo para 2017.* S.C.: Euromonitor International.

Kohli, A., Jaworski, B., & Kumar, A. (Abril de 1990). Market Orientation: the construct, Research Propositions, and Managerial Implications. *Journal of marketing, Vol. 54,* 1-18.

Kotler, P. (2004). *Los diez pecados capitales del marketing.* España:: Gestión 2000.

Kotler, P., & Armstrong, G. (2016). *Principles of marketing.* Estados Unidos de América: Pearson.

Kotler, P., Cámara, D., Grande, I., & Cruz, I. (2000). *Dirección de marketing*. España: Prentice Hall.

Kotler, P., Jain, D., & Maesincee, S. (2003). *El marketing se mueve*. Buenos Aires: Paidós.

Kuhn, T. (1992). *La estructura científica de las revoluciones científicas*. Colombia: Fondo de cultura económica.

Lamberti, L., & Noci, G. (2009). Marketing strategy and marketing performance measurement system: Exploring the relationship. *European Management Journal*, sp.

Lambin, J., Galluci, C., & Sicurello, C. (2008). *Drección de Marketing*. Colombia: Mc Graw Hill.

Liberman, S. (2015). *Marketing, metrics & Frameworks*. Chile: Ediciones Universidad Finis Terrae.

Lindstrom, M. (2009). *Compradicción (buy-ology)*. Colombia: Grupo Editorial Norma.

Lindstrom, M. (2011). *Brandwashed. El lavado de cerebro de las marcas*. Bogotá: Editorial Norma.

Mintzberg, H., & Quinn, J. B. (1993). *El proceso estratégico. Conceptos, casos y estrategias (2da edición),*. México:: Prentice Hall.

Morgan, N. C. (2002). Marketing productivity, marketing audits, and systems for marketing performance assessment Integrating multiple perspectivas. *Journal of Business Research, 55*(5), ,363-375.

Munuera, J. L., & Rodríguez, A. I. (2015). *Estrategias de marketing. Un enfoque basado en el proceso de dirección*. Colombia: Alfaomega-Esic.

Nunes, J., & Dreze, X. (2006). *Su programa de lealtad lo está traicionando*. España: HBR, Ediciones Deusto.

Nuttin, M. S. (2011). Las marcas de combate y la estrategia de precios. *Dinero*.

Ohmae, K. (2003). *La mente del estratega*. México: McGraw Hill.

Pérez, V. (21 de Junio de 2014). Pernod Ricard incursionó en el negocio de la venta por catálogo. *La República*, pág. 12.

Porter, M. (1987). *Ventaja competitiva* . México: Cecsa.

Porter, M. (1997). Qué es estrategia. *Revista INCAE*, 35-52.

Ries, A., & Trout, J. (1986). *La guerra de la mercadotecnia*. México: McGraw-Hill.

Ries, A., & Trout, J. (1986). *Posicionamiento*. Bogotá: McGraw Hill.

Ries, A., & Trout, J. (1989). *La revolución del marketing*. Bogotá: McGraw Hill.

Rosen, E. (2001). *Marketing de boca en boca*. España:: Vergara.

Saavedra, R., Castro, L., Restrepo, O., & Rojas, A. (1999). *Planificación del desarrollo*. Bogotá:: Universidad Jorge Tadeo Lozano, Colección Estudios de Economía.

Serna, H. (1999). *Servicio al cliente. Métodos de auditoría y gestión*. Bogotá: 3R Editores.

Shapiro, B. (. (1995). ¿Qué demonios significa "orientación al mercado"? En R. Dolan, *La esencia del marketing* (págs. 47-61). Bogotá:: Grupo Editorial Norma.

Stanton, W., Buskirk, R., & Spiro, R. (1997). *Ventas. Conceptos, planificación y estrategias*. Colombia: McGraw-Hill.

Stewart, D. W. (2009). Marketing accountability: Linking marketing actions to financial results. *Journal of Business Research, ,, 62*, 636-643.

Taghian, M., & Shaw, R. (2002). *The Marketing Audit and Business Performance: An Empirical Study of Large Australian Companies*. Australia: ANZMAC 2002 Conference Proceedings.

Zeithaml, V., & Bitner, M. J. (2002). *Marketing de servicios*. México: McGraw-Hill.

Zyman, S. (1999). *El final del marketing que conocemos*. . España: : Garnica.

**La competitividad
y sus claves**

Antoni Garrell

**El proceso de las 5'S
en acción**

Luis Socconini, Marco Barrantes

**Lean Six Sigma Green Belt,
paso a paso**

Luis Socconini, Eduardo Escobedo

**Manual de estrategia
de operaciones**

Ángel Caja Corral

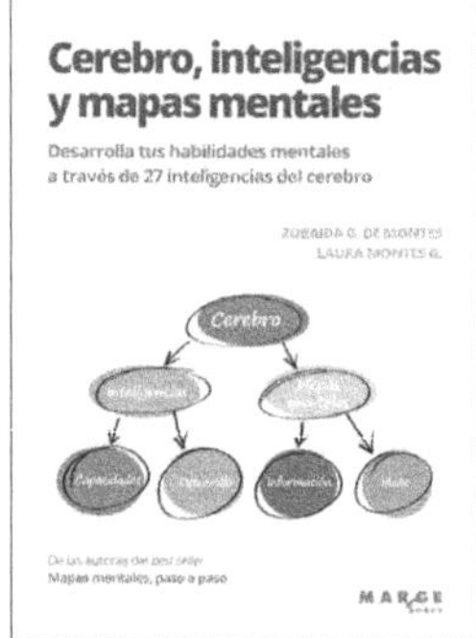

**Cerebro, inteligencias
y mapas mentales**

*Zoraida G. de Montes,
Laura Montes G.*

**Manual del comercio
electrónico**

*Eva María Hernández Ramos,
Luis Carlos Hernández Barrueco*

**Indicadores económicos
en el comercio
internacional**

Òscar Mascarilla Miró

Competencias directivas

Llorenç Guilera

Anatomía de la creatividad

Llorenç Guilera Agüera

Lean Six Sigma. Sistema de gestión para liderar empresas

Luis Socconini, Carlo Reato

Lean Company. Más allá de la manufactura

Luis Socconini

Productos y servicios inteligentes y sostenibles

Llorenç Guilera, Antoni Garrell

Lean Energy 4.0. Guía de Implementación

Luis Socconini, Juan Pablo Martín

Lean Manufacturing. Paso a paso

Luis Socconini

Lean Services. Certification Manual

Luis Socconini

Lean Six Sigma Yellow Belt. Manual de certificación

Luis Socconini

Lean Six Sigma Green Belt. Manual de certificación

Luis Socconini

Lean Six Sigma Black Belt. Manual de certificación

Luis Socconini

València, 558 – 08026 Barcelona – Tel. +34-931 429 486 – marge@margebooks.com – www.margebooks.com

www.ingramcontent.com/pod-product-compliance
Lightning Source LLC
LaVergne TN
LVHW081045210726
843510LV00014B/957